14,237

Volum *ori ginal*, très rare,
contenant les pièces supprimées
plus tard : Raymond d'Ascoli,
la Dernière Gerbe — Idylle —

Voir aussi sur V. Bibliothèque
romantique
Première publication de V. Hugo

Réserve
p Ye
474

ODES
ET
POESIES DIVERSES.

DE L'IMPRIMERIE DE GUIRAUDET,
RUE SAINT-HONORÉ, N° 315, VIS-A-VIS SAINT-ROCH.

ODES

ET

POÉSIES DIVERSES,

 Par Victor-M. HUGO

Vox clamabat in deserto.

A PARIS,

Chez PÉLICIER, Libraire, Place du Palais-
Royal N°. 243.

1822.

Il y a deux intentions dans la publication de ce livre, l'intention politique et l'intention littéraire ; mais, dans la pensée de l'auteur, la première est la conséquence de la dernière, car l'histoire des hommes ne présente de Poésie que jugée du haut des idées monarchiques et des croyances religieuses.

On pourra voir dans l'arrangement de ces odes une division qui, néanmoins, n'est pas méthodiquement tracée. Il a semblé à l'auteur que les émotions d'une âme n'étaient pas moins fécondes pour la Poésie que les révolutions d'un empire.

Au reste, le domaine de la Poésie est illimité. Sous le monde réel, il existe un monde idéal qui se montre resplendissant à l'œil de ceux que des méditations graves ont accoutumés à voir dans les choses plus que les choses. Les beaux ouvrages de poésie, en tout genre, soit en vers, soit en prose, qui ont honoré ce siècle, ont révélé cette vérité, à peine soupçonnée auparavant, que la Poésie n'est pas dans la forme des idées, mais dans les idées elles-mêmes. La Poésie, c'est tout ce qu'il y a d'intime dans tout.

ODES.

> Quelque chose me presse d'élever la voix,
> et d'appeler mon siècle en jugement.
> (F. DE LA MENNAIS.)

> Écoutez : je vais vous dire des choses du
> cœur.
> (HAFEZ.)

Les changemens survenus dans les événemens rendent nécessaire de rappeler que les odes II, VI, VII, VIII et XV de ce recueil ont été publiées successivement depuis l'année 1819.

A M. ALEXANDRE SOUMET.

LE POÈTE
DANS LES RÉVOLUTIONS.

Dictus ob hoc lenire tigres, rabidosque leones.
(HORAT. ad Pisones.)

Mourir sans vider mon carquois!
Sans percer, sans fouler, sans pétrir dans leur fange
Ces bourreaux barbouilleurs de lois!
(ANDRÉ CHÉNIER, Iambe.)

I.

LE POÈTE
DANS LES RÉVOLUTIONS.
ODE PREMIERE.

« Le vent chasse loin des campagnes
« Le gland tombé des rameaux verds ;
« Chêne, il le bat sur les montagnes ;
« Esquif, il le bat sur les mers.
« Jeune homme, ainsi le sort nous presse.
« Ne joins pas, dans ta folle ivresse,
« Les maux du Monde à tes malheurs ;
« Gardons, coupables et victimes,
« Nos remords pour nos propres crimes,
« Nos pleurs pour nos propres douleurs. »

Quoi! mes chants sont-ils téméraires?
Faut-il donc, en ces jours d'effroi,
Rester sourd aux cris de ses frères!
Ne souffrir jamais que pour soi!
Non, le Poète sur la terre
Console, exilé volontaire,
Les tristes humains dans leurs fers;
Parmi les Peuples en délire,
Il s'élance armé de sa lyre,
Comme Orphée au sein des Enfers.

« Orphée aux peines éternelles
« Vint un moment ravir les morts;
« Toi, sur les têtes criminelles,
« Tu chantes l'hymne du remords.
« Insensé! Quel orgueil t'entraîne?
« De quel droit viens-tu dans l'arène
« Juger sans avoir combattu?
« Censeur échappé de l'enfance,
« Laisse vieillir ton innocence,
« Avant de croire à ta vertu. »

DANS LES RÉVOLUTIONS.

Quand le crime, Python perfide,
Brave, impuni, le frein des lois,
La Muse devient l'Euménide,
Apollon saisit son carquois.
Je cède au Dieu qui me rassure;
J'ignore à ma vie encor pure
Quels maux le sort veut attacher;
Je suis sans orgueil mon étoile;
L'Orage déchire la Voile :
La Voile sauve le Nocher,

« Les hommes vont aux précipices.
« Tes chants ne les sauveront pas;
« Avec eux, loin des cieux propices,
« Pourquoi donc égarer tes pas ?
« Peux-tu, dès tes jeunes années,
« Sans trancher d'autres destinées,
« Briser la chaîne de tes jours ?
« Épargne ta vie éphémère:
« Jeune homme, n'as-tu pas de mère ?
« Poète, n'as-tu pas d'amours ? »

Eh bien! à mes terrestres flammes,
Si je meurs, les cieux vont s'ouvrir.
L'amour chaste agrandit les âmes,
Et qui sait aimer sait mourir.
Le Poète, en des temps de crime,
Fidèle aux justes qu'on opprime,
Célèbre, imite les Héros;
Il a, jaloux de leur martyre,
Pour les Victimes une lyre,
Une tête pour les Bourreaux.

« On dit que jadis le Poète,
« Chantant des jours encor lointains,
« Savait à la terre inquiète
« Révéler ses futurs destins.
« Mais toi, que peux-tu pour le Monde?
« Tu partages sa nuit profonde,
« Le ciel se voile et veut punir;
« Les Lyres n'ont plus de Prophète,
« Et la Muse, aveugle et muette,
« Ne raconte plus l'Avenir. »

DANS LES RÉVOLUTIONS.

Le mortel qu'un Dieu même anime
Marche à l'avenir, plein d'ardeur;
C'est en s'élançant dans l'abîme
Qu'il en sonde la profondeur.
Il se prépare au sacrifice;
Il sait que le bonheur du vice
Par l'innocent est expié;
Prophète a son heure dernière,
La Prison est son sanctuaire,
Et l'Échafaud est son trépié.

« Que n'es-tu, loin de nos rivages,
« Aux champs où régna Cosroës,
« Né sous un beau ciel sans nuages,
« Parmi le myrte et l'aloës!
« Là, sourd aux maux que tu déplores,
« Le Poète voit ses aurores
« Se lever sans trouble et sans pleurs;
« Et la colombe, chère aux sages,
« Porte aux vierges ses doux messages
« Où l'amour parle avec des fleurs. »

Qu'un autre au céleste Martyre
Préfère un repos sans honneur !
La Gloire est le but où j'aspire ;
On n'y va point par le Bonheur.
L'Alcyon, quand l'Océan gronde,
Craint que les vents ne troublent l'onde,
Où se berce son doux sommeil ;
Mais pour l'Aiglon, fils des nuages,
Ce n'est qu'à travers les Orages
Qu'il monte aux palais du Soleil.

A M. LE VICOMTE DE CHATEAUBRIAND.

LA VENDÉE.

Ave, Cæsar, morituri te salutant.
(TACIT.)

II.

LA VENDÉE.

ODE SECONDE.

« Qui de nous, en posant une urne cinéraire,
« N'a trouvé son ami pleurant sur un cercueil?
« Autour du froid tombeau d'une épouse ou d'un frèr
 « Qui de nous n'a mené le deuil*? »
— Ainsi, sur les malheurs de la France éplorée,
 Gémissait la Muse sacrée
 Qui nous montra le ciel ouvert,
Dans ces jours où, planant sur Rome et sur Palmyre

---

* Quel Français ignore aujourd'hui les Cantiques funèbres Qui de nous n'a mené le deuil autour d'un tombeau, n'a fa retentir le cri des funérailles? (Martyrs, liv. XXIV.)

Sublime, elle annonçait les douceurs du Martyre
    Et l'humble bonheur du Désert.

Depuis, à nos tyrans rappelant tous leurs crimes,
Et vouant aux remords ces cœurs sans repentirs,
Elle a dit : « Dans ces temps, la France eut ses victimes,
    « Mais la Vendée eut ses martyrs. »
— Déplorable Vendée, a-t-on séché tes larmes ?
    Marches-tu, ceinte de tes armes,
    Au premier rang de nos guerriers ?
Si l'Honneur, si la Foi n'est pas un vain fantôme,
Montre-moi quels palais ont remplacé le chaume
    De tes rustiques chevaliers.

Hélas ! tu te souviens des jours de ta misère !
Des flots de sang baignaient tes sillons dévastés,
Et le pied des coursiers n'y foulait de poussière
    Que la cendre de tes cités.
Ceux-là, qui n'avaient pu te vaincre avec l'épée,
    Semblaient, dans leur rage trompée,

Implorer l'Enfer pour appui ;
Et, roulant sur la plaine en torrens de fumée,
Le vaste embrasement poursuivait ton armée,
 Qui ne fuyait que devant lui.

La Loire vit alors, sur ses plages désertes,
S'assembler les tribus des vengeurs de nos rois,
Peuple qui ne pleurait, fier de ses nobles pertes,
 Que sur le Trône et sur la Croix.
C'étaient quelques vieillards fuyant leurs toits en flammes,
 C'étaient des enfans et des femmes,
 Suivis d'un reste de héros ;
Au milieu d'eux marchait leur Patrie exilée ;
Car ils ne laissaient plus qu'une terre peuplée
 De cadavres et de bourreaux.

On dit qu'en ce moment, dans un divin délire,
Un vieux Prêtre parut parmi ces fiers Soldats,
Comme un Saint, chargé d'ans, qui parle du martyre
 Aux nobles Anges des combats ;

Tranquille, en proclamant de sinistres présages,
    Les souvenirs des anciens âges
    S'éveillaient dans son cœur glacé;
Et racontant le sort qu'ils devaient tous attendre,
La voix de l'Avenir semblait se faire entendre
    Dans ses discours pleins du Passé.

« Au delà du Jourdain, après quarante années,
« Dieu promit une terre aux enfans d'Israël;
« Au delà de ces flots, après quelques journées,
    « Le Seigneur vous promet le Ciel.
« Ces bords ne verront plus vos phalanges errantes;
    « Dieu, sur des plaines dévorantes,
    « Vous prépare un tombeau lointain:
« Votre astre doit s'éteindre, à peine à son aurore; —
« Mais Samson expirant peut ébranler encore
    « Les colonnes du Philistin.

« Vos guerriers périront; mais, toujours invincibles,
« S'ils ne peuvent punir, ils sauront se venger;

« Car ils verront encor fuir ces soldats terribles
« Devant qui fuyait l'étranger.
« Vous ne mourrez pas tous sous des bras intrépides :
« Les uns, sur des nefs homicides,
« Seront livrés aux flots mouvans ;
« Ceux-là promèneront des os sans sépulture,
« Et cacheront leurs morts sous une terre obscure,
« Pour les dérober aux vivans *.

« Et vous, ô jeune Chef ! ravi par la Victoire
« Aux hasards de Mortagne, aux périls de Saumur,
« L'honneur de vous frapper dans un combat sans gloire
« Rendra célèbre un bras obscur.
« Il ne sera donné qu'à bien peu de nos frères
« De revoir, après tant de guerres,
« La place où furent leurs foyers ;
« Alors, ornant son toit de ses armes oisives,
« Chacun d'eux attendra que Dieu rende à nos rives
« Les Lys, qu'il préfère aux Lauriers.

* La noble veuve de Lescure emporta le corps de son mari dans sa voiture, et on l'enterra dans un coin obscur, pour le soustraire aux outrages de l'exhumation.

« Vendée, ô noble terre ! ô ma triste patrie !
« Tu dois payer bien cher le retour de tes rois ;
« Avant que sur nos bords croisse la fleur chérie,
    « Ton sang l'arrosera deux fois.
« Mais aussi lorsqu'un jour l'Europe réunie
        « De l'arbre de la tyrannie
        « Aura brisé les rejetons,
« Tous les rois vanteront leurs camps, leur flotte immense ;
« Et, seul, le Roi Chrétien mettra dans la balance
        « L'humble Glaive des vieux Bretons.

« Grand Dieu ! — Si toutefois, après ces jours d'ivresse,
« Blessant le cœur aigri du héros oublié,
« Une voix insultante offrait à sa détresse
    « Les dons ingrats de la pitié ;
« Si sa mère, et sa veuve, et sa fille éplorées,
    « S'arrêtaient, de faim dévorées,
    « Au seuil d'un favori puissant ;
« Rappelant à celui qu'implore leur misère,
« Qu'elles n'ont plus ce fils, cet époux, et ce père
    « Qui croyait leur léguer son sang ;

« Si, pauvre et délaissé, le citoyen fidèle,
« Lorsqu'un traître enrichi se rirait de sa foi,
« Entendait au sénat calomnier son zèle
  « Par celui qui jugea son roi ;
« Si, pour comble d'affronts, un magistrat injuste,
  « Déguisant sous un nom auguste
  « L'abus d'un insolent pouvoir,
« Venait, de vils soupçons chargeant sa noble tête,
« Lui demander ce fer, sa première conquête, —
  « Peut-être son dernier espoir ;

« Qu'il se résigne alors. — Par ses crimes prospères
« L'Impie heureux insulte au Fidèle souffrant :
« Mais que le juste pense aux forfaits de nos pères,
  « Et qu'il songe à son Dieu mourant.
« Le Seigneur veut parfois les triomphes du vice ;
  « Il veut aussi, dans sa justice,
  « Que l'innocent verse des pleurs ;
« Souvent, dans ses desseins, Dieu suit d'étranges voies,
« Lui qui livre Satan aux infernales joies,
  « Et Marie aux saintes douleurs. »

Le Vieillard s'arrêta. Sans croire à son langage,
Ils quittèrent ces bords, pour n'y plus revenir ;
Et tous croyaient couvert des ténèbres de l'âge
    L'esprit qui voyait l'avenir. —
Ainsi, faible en soldats, mais fort en renommée,
    Ce débris d'une illustre armée
    Suivait sa bannière en lambeaux ;
Et ces derniers Français, que rien ne put défendre,
Loin de leur temple en deuil et de leur chaume en cendre,
    Allaient conquérir des tombeaux.

LES VIERGES DE VERDUN.

Et les vierges de la vallée d'Oahram vinrent à moi, et elles me dirent : Chante-nous, parce que nous étions innocentes et fidèles.
(GUD-ÉLI, poète persan.)

III.

Henriette, Hélène et Agathe Watrin, filles d'un officier supérieur, Barbe Henri, Sophie Tabouillot, et plusieurs autres jeunes filles de Verdun, furent traduites devant le tribunal révolutionnaire, comme coupables d'avoir présenté des fleurs aux Prussiens, lors de leur entrée en cette ville. Les trois premières, qui seules font le sujet de cette Ode, étaient accusées, en outre, d'avoir distribué de l'argent et des secours aux émigrés. Une loi de sang punissait de mort ce singulier genre de délit. Fouquier-Tainville, charmé de la beauté des trois Vierges, leur fit insinuer qu'il tairait cette dernière partie de l'accusation, si elles écoutaient des propositions injurieuses à leur honneur. Elles refusèrent, furent condamnées et traînées à la mort, avec vingt-neuf habitans de Verdun. La plus âgée de ces trois sœurs avait dix-sept ans.

Barbe-Henri, Sophie Tabouillot, et leurs compagnes, parmi lesquelles se trouvaient des enfans de treize à quatorze ans, furent condamnées au carcan, et à vingt ans de détention à la Salpétrière. Le Directoire leur rendit la liberté.

LES VIERGES
DE VERDUN.
ODE TROISIÈME.

Pourquoi m'apportez-vous ma lyre,
 Spectres légers? que voulez-vous?
Fantastiques beautés, ce lugubre sourire
 M'annonce-t-il votre courroux?
 Sur vos écharpes éclatantes
Pourquoi flotte à longs plis ce crêpe menaçant?
Pourquoi sur ces festons ces chaînes insultantes?
 Et ces roses teintes de sang? —

Retirez-vous : rentrez dans les sombres abîmes....
Ah! que me montrez-vous?.. quels sont ces trois tombeaux?
Quel est ce char affreux, surchargé de victimes?
Quels sont ces meurtriers couverts d'impurs lambeaux?

J'entends des chants de mort; j'entends des cris de fête. —
    Cachez moi le char qui s'arrête!...
Un fer lentement tombe à mes regards troublés;
J'ai vu couler du sang... Est-il bien vrai, parlez!
    Qu'il ait rejailli sur ma tête?

Venez-vous dans mon âme éveiller le remord?
    Ce sang.... je n'en suis point coupable!
Fuyez, Vierges; fuyez, famille déplorable:
Lorsque vous n'étiez plus, je n'étais pas encor.
Qu'exigez-vous de moi? J'ai pleuré vos misères :
Dois-je donc expier les crimes de mes pères?
    Pourquoi troublez-vous mon repos?
Pourquoi m'apportez-vous ma lyre frémissante?
Demandez-vous des chants à ma voix innocente,
    Et des remords à vos bourreaux?

Sous ces murs entourés de cohortes sanglantes
    Siége le sombre tribunal.
L'Accusateur se lève, et ses lèvres tremblantes
    S'agitent d'un rire infernal.

C'est Tainville : on le voit, au nom de la patrie,
Convier aux forfaits cette horde flétrie
    D'assassins, juges à leur tour ;
  Le besoin du sang le tourmente ;
Et sa voix homicide à la hache fumante
    Désigne les têtes du jour.*

Il parle : ses licteurs vers l'enceinte fatale
Traînent les malheureux que sa fureur signale ;
Les portes devant eux s'ouvrent avec fracas ;
Et trois Vierges, de grâce et de pudeur parées,
    De leurs compagnes entourées,
    Paraissent parmi les soldats.
Le peuple, qui se tait, frémit de son silence :
Il plaint son esclavage en plaignant leurs malheurs,
    Et repose sur l'innocence
Ses regards, las du crime et troublés par ses pleurs.

---

* Fouquier-Tainville, accusateur public, réunissait à cette horrible fonction celle non moins horrible de marquer les soixante ou quatre-vingts têtes qui devaient tomber chaque jour.

Eh quoi ! quand ces beautés, lâchement accusées,
Vers ces juges de mort s'avançaient dans les fers,
Ces murs n'ont pas, croulant sous leurs voûtes brisées,
     Rendu les monstres aux Enfers !
Que faisaient nos guerriers ?... Leur vaillance trompée
Prêtait au vil couteau le secours de l'épée ;
Ils sauvaient ces bourreaux, qui souillaient leurs combats.
Hélas ! un même jour, jour d'opprobre et de gloire,
Voyait Moreau monter au char de la Victoire,
     Et son père au char du Trépas *.

Quand nos chefs, entourés des armes étrangères,
     Couvrant nos cyprès de lauriers,
Vers Paris lentement reportaient leurs bannières,
Frédéric sur Verdun dirigeait ses guerriers.
Verdun, premier rempart de la France opprimée,
D'un roi libérateur crut saluer l'armée.

---

* Moreau enlevait à des ennemis supérieurs en nombre l'île de Cazan et le fort de l'Écluse, le jour où son vieux père marchait à l'échafaud.

DE VERDUN.

En vain tonnaient d'horribles lois :
Verdun se revêtit de sa robe de fête,
Et, libre de ses fers, vint offrir sa conquête
    Au Monarque vengeur des Rois *.

Alors, Vierges, vos mains (ce fut là votre crime!)
Des festons de la joie ornèrent les vainqueurs.
    Ah! pareilles à la Victime,
La hache à vos regards se cachait sous des fleurs.
Ce n'est pas tout : hélas! sans chercher la vengeance,
Quand nos bannis, bravant la mort et l'indigence,
Combattaient nos tyrans encor mal affermis,
Vos nobles cœurs ont plaint de si nobles misères;
Votre or a secouru ceux qui furent nos frères,
    Et n'étaient pas nos ennemis.

---

* Verdun brûlait d'ouvrir ses portes au roi de Prusse. L'intrépide commandant résista durant trois jours aux instances des habitans et aux menaces de Frédéric-Guillaume. Forcé enfin de capituler, il se brûla la cervelle.

Quoi! ce trait glorieux, qui trahit leur belle âme,
    Sera donc l'arrêt de leur mort!
Mais non, l'Accusateur, que leur aspect enflamme,
    Tressaille d'un honteux transport.
Il veut, Vierges, au prix d'un affreux sacrifice,
En taisant vos bienfaits, vous ravir au supplice;
Il croit vos chastes cœurs par la crainte abattus,
Du mépris qui le couvre acceptez le partage,
Souillez-vous d'un forfait, l'infâme aréopage
    Vous absoudra de vos vertus.

    Répondez-moi, Vierges timides:
Qui d'un si noble orgueil arma ces yeux si doux?
Dites qui fit rouler dans vos regards humides:
    Les pleurs généreux du courroux?
    Je le vois à votre courage :
    Quand l'oppresseur qui vous outrage
N'eût pas offert la honte en offrant son bienfait,
Coupables de pitié pour des Français fidèles,
Vous n'auriez pas voulu, devant des lois cruelles,
    Nier un si noble forfait.

C'en est donc fait : déjà sous la lugubre enceinte
A retenti l'arrêt dicté par la fureur.
Dans un muet murmure, étouffé par la crainte,
Le peuple, qui l'écoute, exhale son horreur.
Regagnez des cachots les sinistres demeures,
  O Vierges! encor quelques heures....
Ah! priez sans effroi, votre âme est sans remord.
  Coupez ces longues chevelures,
Où la main d'une mère enlaçait des fleurs pures,
Sans voir qu'elle y mêlait les pavots de la mort.

Bientôt ces fleurs encor pareront votre tête;
Les anges vous rendront ces symboles touchans;
Votre hymne de trépas sera l'hymne de fête
Que les Vierges du ciel rediront dans leurs chants.
Vous verrez près de vous, dans ces chœurs d'innocence,
Charlotte au cœur d'airain, qui vous vengea d'avance[*];

---

[*] L'année précédente, Charlotte Corday avait tué Marat, l'un des représentans qui contribuèrent le plus puissamment à faire adopter la loi contre ceux qui secouraient des émigrés.

Cazotte, Elisabeth, si malheureuse en vain;
Et Sombreuil, qui trahit par ses pâleurs soudaines
Le sang glacé des morts circulant dans ses veines*;
Martyres, dont l'encens plaît au Martyr divin.

Ici, devant mes yeux erraient des lueurs sombres;
Des visions troublaient mes sens épouvantés;
Les Spectres sur mon front balançaient dans les ombres
    De longs linceuls ensanglantés.
Les trois tombeaux, le char, les échafauds funèbres,
    M'apparurent dans les ténèbres;
Tout rentra dans la nuit des siècles révolus;
Les Vierges avaient fui vers la naissante aurore;
Je me retrouvai seul, et je pleurais encore
    Quand ma lyre ne chantait plus.

* Mademoiselle de Sombreuil acheta le bonheur de sauver son père en buvant un verre de sang. Long-temps après encore on l'a vue pâlir et tressaillir au seul souvenir de cet horrible et héroïque effort, qui détruisit sa santé, et la laissa, pour sa vie, sujette à de douloureuses convulsions.

QUIBERON.

Un des effets des révolutions est d'attrister le caractère des peuples. Cela se voit en France cela s'était vu en Angleterre. Ces grandes commotions ouvrant violemment le cœur de l'homme, on en découvre le fond qu'on n'aperçoit jamais sans effroi et sans douleur.
(F. DE LA MENNAIS, Pensées diverses.)

Pudor indè et miseratio.
(TACIT. Ann.)

IV.

Après la prise du fort Penthièvre, les émigrés, commandés par Sombreuil, frère de l'illustre mademoiselle de Sombreuil, se virent poussés à l'extrémité de la presqu'île de Quiberon par les soldats de la Convention. Le général républicain, Hoche, craignant l'horrible carnage qui allait commencer de part et d'autre, s'il réduisait les gentilshommes au désespoir, proposa à Sombreuil de les traiter comme prisonniers de guerre, s'ils voulaient se rendre. Il ajouta que Sombreuil était le seul pour qui il ne pût rien promettre : *Je mourrai volontiers*, répondit ce jeune homme, *si je puis sauver mes frères d'armes*. Se fiant à cette capitulation verbale, il ordonna aux siens de mettre bas les armes. On observa le traité à son égard : il fut fusillé avec l'évêque de Dol. Mais on n'eut pas la même fidélité envers les émigrés faits prisonniers de guerre. Le cri d'horreur et de pitié qui s'élève aujourd'hui au seul nom de Quiberon dispense d'en dire davantage.

Les Vendéens ont donné le nom de *Prairie des Martyrs* à la plaine où ces vaillans gentilshommes furent fusillés par détachemens, et les soldats de Larochejaquelein viennent aujourd'hui en pèlerinage visiter les restes des compagnons de Sombreuil.

QUIBERON.

ODE QUATRIÈME.

Par ses propres fureurs le Maudit se dévoile ;
Dans le Démon vainqueur on voit l'Ange proscrit ;
L'anathême éternel, qui poursuit son étoile,
    Dans ses succès même est écrit.
Il est, lorsque des Cieux nous oublions la voie,
    Des jours, que Dieu sans doute envoie
    Pour nous rappeler les Enfers ;
Jours sanglans, qui, voués au triomphe du crime,
Comme d'affreux rayons échappés de l'Abîme,
    Apparaisssent sur l'Univers.

Poëtes qui toujours, loin du siècle où nous sommes,
Chantres des pleurs sans fin et des maux mérités,
Cherchez des attentats tels que la voix des hommes
    N'en ait point encor racontés ;
Si quelqu'un vient à vous, vantant la jeune France,
    Nos exploits, notre tolérance,
    Et nos temps, féconds en bienfaits,
Soyez contens ; lisez nos récentes histoires,
Évoquez nos vertus, interrogez nos gloires : —
    Vous pourrez choisir des forfaits !

Moi, je n'ai point reçu de la Muse funèbre
Votre lyre de bronze, ô chantres des remords !
Mais je voudrais flétrir les bourreaux qu'on célèbre,
    Et venger la cause des morts.
Je voudrais, un moment, troublant l'impur Génie,
    Arrêter sa gloire impunie
    Qu'on pousse à l'immortalité ;
Comme autrefois un Grec, malgré les vents rapides,
Seul, retint de ses bras, de ses dents intrépides,
    L'esquif sur les mers emporté.

QUIBERON.

Quiberon vit jadis, sur son bord solitaire,
Des Français assaillis s'apprêter à mourir,
Puis, devant les deux Chefs, l'airain fumant se taire,
    Et les rangs désarmés s'ouvrir.
Pour sauver ses soldats l'un d'eux offrit sa tête;
    L'autre accepta cette conquête,
    De leur traité gage inhumain;
Et nul guerrier ne crut sa promesse frivole,
Car devant les drapeaux, témoins de leur parole,
    Tous deux s'étaient donné la main.

La phalange fidèle alors livra ses armes.
Ils marchaient : une armée environnait leurs pas,
Et le peuple accourait, en répandant des larmes,
    Voir ces preux, sauvés du trépas.
Ils foulaient en vaincus les champs de leurs ancêtres;
    Ce fut un vieux temple, sans prêtres,
    Qui reçut ces vengeurs des rois;
Mais l'humble autel manquait à la pieuse enceinte,
Et pour se consoler, dans cette Prison sainte,
    Leurs yeux en vain cherchaient la Croix.

34   QUIBERON.

Tous prièrent ensemble, et d'une voix plaintive,
Tous, se frappant le sein, gémirent à genoux ;
Un seul ne pleurait pas dans la tribu captive : —
    C'était lui qui mourait pour tous,
C'était Sombreuil, leur chef : jeune et plein d'espérance,
    L'heure de son trépas s'avance ;
    Il la salue avec ferveur.
Le supplice, entouré des apprêts funéraires,
Est beau pour un Chrétien qui, seul, va pour ses frères
    Expirer, semblable au Sauveur.

« Oh ! cessez, disait-il, ces larmes, ces reproches,
« Guerriers ; votre salut prévient tant de douleurs !
« Combien à votre mort vos amis et vos proches
    « Hélas ! auraient versé de pleurs !
« Je romps avec vos fers mes chaînes éphémères ;
    « A vos épouses, à vos mères,
    « Conservez vos jours précieux.
« On vous rendra la paix, la liberté, la vie ;
« Tout ce bonheur n'a rien que mon cœur vous envie :
    « Vous, ne m'enviez pas les Cieux. »

Le jour fit place à l'ombre; et la nuit à l'aurore;
Hélas! et pour mourir traversant la cité,
Les crédules proscrits passaient, passaient encore,
 Aux yeux du peuple épouvanté.
Chacun d'eux racontait, brûlant d'un saint délire,
 A ses compagnons de martyre
 Les malheurs qu'il avait soufferts ;
Tous succombaient sans peur, sans faste, sans murmure,
Regrettant seulement qu'il fallût un parjure
 Pour les immoler dans les fers.

A coups multipliés la hache abat les chênes.
Le vil chasseur, dans l'antre ignoré du soleil,
Égorge lentement le lion dont ses chaînes
 Ont surpris le noble sommeil.
On massacra long-temps la tribu sans défense,—
 A leur mort assistait la France,
 Jouet des bourreaux triomphans ;
Comme jadis, aux pieds des idoles impures,
Tour à tour, une veuve en de longues tortures
 Vit expirer ses sept enfans.

4

C'étaient là les vertus d'un Sénat qu'on nous vante.—
Le sombre Esprit du mal sourit en le créant;
Mais ce corps aux cent bras, fort de notre épouvante,
  En son sein portait son néant.
Le colosse de fer s'est dissous dans la fange. —
  L'Anarchie, alors que tout change,
  Pense voir ses œuvres durer;
Mais ce Pygmalion, dans ses travaux frivoles,
Ne peut donner la vie aux horribles idoles
  Qu'il se fait pour les adorer.

On dit que, de nos jours, viennent, versant des larmes,
Prier au champ fatal où ces preux sont tombés,
Les vierges, les soldats fiers de leurs jeunes armes,
  Et les vieillards lents et courbés.
Du Ciel sur les bourreaux appelant l'indulgence,
  Là, nul n'implore la vengeance,
  Tous demandent le repentir;
Et chez ces vieux Bretons, témoins de tant de crimes,
Le Pèlerin, qui vient invoquer les victimes
  Souvent lui-même est un Martyr.

LE RÉTABLISSEMENT

DE LA

STATUE DE HENRI IV.

*Accingunt omnes operi, pedibusque rotarum
Subjiciunt lapsus, et stupea vincula collo
Intendunt.... Pueri circùm innuptæque puellæ
Sacra canunt, funemque manu contingere gaudent.*
            (VIRG. Æn. lib. II.)

V.

LE RÉTABLISSEMENT
DE LA
STATUE DE HENRI IV.
ODE CINQUIÈME.

Je voyais s'élever, dans le lointain des âges,
Ces monumens, espoir de cent rois glorieux; —
Puis je voyais crouler les fragiles images
  De ces fragiles demi-dieux.
Alexandre, un pêcheur des rives du Pyrée
  Foule ta statue ignorée
  Sur le pavé du Parthénon;
Et les premiers rayons de la naissante aurore
En vain dans le désert interrogent encore
  Les muets débris de Memnon.

Ont-ils donc prétendu, dans leur esprit superbe,
Qu'un bronze inanimé dût les rendre immortels ?
Demain le temps peut-être aura caché sous l'herbe
    Leurs imaginaires autels.
Le proscrit à son tour peut remplacer l'idole :
        Des piédestaux du Capitole
        Sylla détrône Marius.
Aux outrages du sort insensé qui s'oppose !
Le sage, de l'affront dont frémit Théodose,
        Sourit avec Démétrius.

D'un héros toutefois l'image auguste et chère
Hérite du respect qui payait ses vertus :
Trajan domine encor les champs que de Tibère
    Couvrent les temples abattus *.
Souvent, lorsqu'en l'horreur des discordes civiles,
    La Terreur planait sur les villes,

---

* La colonne Trajane s'élève près de l'emplacement où furent le Sacrum Tiberianum et la Via Caprœcnsis (Antiquités de la ville de Rome).

Aux cris des peuples révoltés,
Un héros, respirant dans le marbre immobile,
Arrêtait tout à coup par son regard tranquille
　　Les factieux épouvantés.

———

Eh quoi! sont-ils donc loin ces jours de notre histoire,
Où Paris sur son Prince osa lever son bras,
Ou l'aspect de Henri, ses vertus, sa mémoire,
　　N'ont pu désarmer des ingrats*?
Que dis-je? Ils ont détruit sa statue adorée.
　　Hélas! cette horde égarée
　　Mutilait l'airain renversé;
Et cependant, des morts souillant le saint asile,
Leur sacrilége main demandait à l'argile
　　L'empreinte de son front glacé.**

* La statue de Henri IV fut renversée à l'époque du 10 août.
** On sait que ce fut dans le même temps (en 1792 et 1793), qu'après avoir violé les tombes royales, on posa un masque de plâtre sur le visage de Henri, pour mouler ses traits.

Voulaient-ils donc jouir d'un portrait plus fidèle
Du héros dont leur haine a payé les bienfaits?
Voulaient-ils, réprouvant leur fureur criminelle,
 Le rendre à nos yeux satisfaits?
Non; mais c'était trop peu de briser son image:
 Ils venaient encor, dans leur rage,
 Briser son cercueil outragé.
Tel, aux feux du soleil, rugissant d'un air sombre,
Le tigre, en se jouant, cherche à dévorer l'ombre *
 Du cadavre qu'il a rongé.

Assis près de la Seine, en mes douleurs amères
Je me disais : « La Seine arrose encore Ivry,

---

* Suivant M. le Monnier, le tigre des déserts de Sahara, non content d'avoir dévoré ses victimes, s'acharne encore sur l'ombre de leurs squelettes. M. de Borda s'exprime, sur le même sujet, de la manière suivante : « J'ai vu des tigres « d'Afrique, amenés de Damas, et enfermés dans l'immense « arène de Magis-Patar, dévorer avec la plus révoltante féro- « cité les bœufs et les biches qu'on leur donnait tout vivans, « et, leur premier appétit satisfait, passer des journées en- « tières à guetter l'ombre des carcasses décharnées de ces « animaux. Il est probable que le mouvement de l'ombre « présentait à ces tigres une apparence de vie dans ce qui « n'avait pas même presque une apparence de corps. »

« Et les flots sont passés où, du temps de nos pères,
   « Se peignaient les traits de Henri.
« Nous ne verrons jamais l'image vénérée
   « D'un roi qu'à la France éplorée
   « Enleva sitôt le trépas;
« Sans saluer Henri nous irons aux batailles,
« Et l'étranger viendra chercher dans nos murailles
   « Un héros qu'il n'y verra pas. » —

Où courez-vous*? Quel bruit naît, s'élève et s'avance?
Qui porte ces drapeaux, signe heureux de nos Rois?
Dieu! quelle masse au loin semble, en sa marche immense,
   Broyer la terre sous son poids?
Répondez.... Ciel! c'est lui! je vois sa noble tête...
   Le peuple, fier de sa conquête,
   Répète en chœur son nom chéri.
O ma lyre, tais-toi dans la publique ivresse;
Que seraient tes concerts près des chants d'allégresse
   De la France aux pieds de Henri?

---

* Personne n'ignore l'enthousiasme avec lequel le peuple, le 13 août 1818, s'empara de la statue de Henri IV, et la traîna à force de bras au lieu où elle devait être élevée.

Par mille bras traîné, le lourd colosse roule.
Ah! volons, joignons-nous à ces efforts pieux.
Qu'importe si mon bras est perdu dans la foule?
    Henri me voit du haut des cieux.
Tout un peuple a voué ce bronze à ta mémoire,
    O Chevalier, rival en gloire
    Des Bayard et des Duguesclin!
De l'amour des Français reçois la noble preuve,
Henri; nous te devons au Denier de la veuve,
    A l'Obole de l'orphelin.

N'en doutez-pas: l'aspect de cette image auguste
Rendra nos maux moins grands, notre bonheur plus doux.
O Français! louez Dieu : vous voyez un roi juste,
    Un Français de plus parmi vous.
Désormais, dans ses yeux, en volant à la gloire,
    Nous viendrons puiser la victoire;
    Henri recevra notre foi;
Et quand on parlera de ses vertus si chères,
Nos enfans n'iront pas demander à nos pères
    Comment souriait le bon Roi.

DE LA STATUE DE HENRI IV.

Jeunes amis ! dansez autour de cette enceinte.
Mêlez vos pas joyeux ; mêlez vos heureux chants.
Henri, car sa bonté dans ses traits est empreinte,
    Bénira vos transports touchans.
Près des vains monumens que des tyrans s'élèvent,
    Qu'après de longs siècles achèvent
    Les travaux d'un peuple opprimé,
Qu'il est grand cet airain où d'un Roi tutélaire
La France aime à revoir le geste populaire,
    Et le regard accoutumé !

Que le fier conquérant de la Perse avilie,
Las de léguer ses traits à de frêles métaux,
Menace, dans l'accès de sa vaste folie,
    D'imposer sa forme à l'Athos ;
Qu'un Pharaon cruel, superbe en sa démence,
    Couvre d'un obélisque immense
    Le grand néant de son cercueil :
Son nom meurt ; et bientôt l'ombre des Pyramides,
Pour l'étranger, perdu dans ces plaines arides,
    Est le seul bienfait de l'orgueil.

Un jour (mais écartons tout présage funeste!),
Si des ans ou du sort les coups encor vainqueurs
Brisaient de notre amour le monument modeste,
  Henri! tu vivrais dans nos cœurs;
Cependant que du Nil les montagnes altières,
  Cachant cent royales poussières,
  Du monde inutile fardeau,
Du Temps et de la Mort attestent le passage,
Et ne sont déjà plus à l'œil ému du sage
  Que la ruine d'un tombeau.

LA MORT
DU DUC DE BERRY.

> Le Meurtre, d'une main violente, brise les liens les plus sacrés; la Mort vient enlever le jeune homme florissant, et le Malheur s'approche comme un ennemi rusé au milieu des jours de fête.
> (SCHILLER.)

VI.

LA MORT DU DUC DE BERRY.

ODE SIXIÈME.

Modérons les transports d'une ivresse insensée ;
Le passage est bien court de la joie aux douleurs ;
La Mort aime à poser sa main lourde et glacée
    Sur des fronts couronnés de fleurs.
Demain, souillés de cendre, humbles, courbant nos têtes,
    Le vain souvenir de nos fêtes
    Sera pour nous presque un remords ;
Nos jeux seront suivis des pompes sépulcrales ;
Car chez nous, malheureux ! l'hymne des Saturnales
    Sert de prélude au chant des Morts.

Fuis les banquets: fais trêve à ton joyeux délire,
Paris, triste cité! détourne tes regards
Vers le cirque où l'on voit aux accords de la lyre
    S'unir les prestiges des arts.
Chœurs, interrompez-vous; cessez, danses légères;
    Qu'on change en torches funéraires
    Ces feux purs, ces brillants flambeaux;
Dans cette enceinte, auprès d'une couche sanglante, —
J'entends un prêtre saint dont la voix murmurante
    Dit la prière des tombeaux.

Sous ces lambris frappés des éclats de la joie,
Près d'un lit où soupire un mourant étendu,
D'une famille auguste, au désespoir en proie,
    Je vois le cortége éperdu.
C'est un père à genoux, c'est un frère en alarmes,
    Une sœur qui n'a point de larmes
    Pour calmer ses sombres douleurs;
Car ses affreux revers ont, dès son plus jeune âge,
Dans ses yeux, enflammés d'un si mâle courage,
    Tari la source de ses pleurs.

Sur l'échafaud, aux cris d'un sénat sanguinaire,
Sa mère est morte en reine et son père en héros ;
Elle a vu dans les fers périr son jeune frère,
  Et n'a pu trouver des bourreaux.
Et quand des rois ligués la main brisa ses chaînes,
  Long-temps, sur des rives lointaines,
  Elle a fui nos bords désolés ;
Elle a revu la France, après tant de misères,
Pour apprendre, en rentrant au palais de ses pères,
  Que ses maux n'étaient pas comblés.

Plus loin, c'est une épouse... Oh ! qui peindra ses craintes,
Sa force, ses doux soins, son amour assidu ?
Hélas ! et qui dira ses lamentables plaintes,
  Quand tout espoir sera perdu ?
Quels étaient nos transports, ô vierge de Sicile,
  Quand naguère, à ta main docile
  Berry joignit sa noble main !
Devais-tu donc, Princesse, en touchant ce rivage,
Voir sitôt succéder le crêpe du Veuvage
  Au chaste voile de l'Hymen ?

Berry, quand nous vantions ta paisible conquête,
Nos chants ont réveillé le Dragon endormi;
L'Anarchie en grondant a relevé sa tête,
 Et l'enfer même en a frémi.
Elle a rugi: soudain, du milieu des ténèbres,
 Clément poussa des cris funèbres,
 Ravaillac agita ses fers;
Et le Monstre, étendant ses deux ailes livides,
Aux applaudissemens des Ombres régicides,
 S'envola du fond des enfers.

Le Démon, vers nos bords tournant son vol funeste,
Voulut, brisant ces lis qu'il flétrit tant de fois,
Épuiser d'un seul coup le déplorable reste
 D'un sang trop fertile en bons rois.
Long-temps le monstre obscur qu'il arma pour son crime
 Autour de l'auguste victime
 Promena ses affreux loisirs;
Enfin le ciel permet que son vœu s'accomplisse:
Pleurons tous, car le crime a choisi pour complice
 Le tumulte de nos plaisirs.

DU DUC DE BERRY.

Le fer brille.... un cri part : guerriers, volez aux armes !
C'en est fait : la princesse accourt en pâlissant ;
Son bras soutient Berry qu'elle arrose de larmes,
 Et qui l'inonde de son sang.
Dressez un lit funèbre : est-il quelque espérance ? —
 Hélas ! un lugubre silence
 A condamné son triste époux.
Assistez-le, princesse, en ce moment horrible ;
Les soins cruels de l'art le rendront plus terrible,
 Les vôtres le rendront plus doux.

Monarque en cheveux blancs, hâte-toi, le temps presse ;
Un Bourbon va rentrer au sein de ses aïeux ;
Viens, accours vers ce fils, l'espoir de ta vieillesse ;
 Car ta main doit fermer ses yeux.
Il a béni sa fille, à son amour ravie ;
 Puis, des vanités de sa vie
 Il proclame un noble abandon ;
Vivant, il pardonna ses maux à la patrie,
Et son dernier soupir, digne du Dieu qu'il prie,
 Est encore un cri de pardon.

Mort sublime! ô regrets! vois sa grande ame, et pleure;
Porte au ciel tes clameurs, ô peuple désolé.
Tu l'as trop peu connu: c'est à sa dernière heure
    Que le héros s'est révélé.
Pour consoler la Veuve, apportez l'Orpheline;
    Donnez sa fille à Caroline,
    La nature encore a ses droits.
Mais, quand périt l'espoir d'une tige féconde,
Qui pourra consoler, dans sa terreur profonde,
    La France, veuve de ses Rois?

A l'horrible récit, quels cris expiatoires
Vont pousser nos guerriers, fameux par leur valeur!
L'Europe, qu'ébranlait le bruit de leurs victoires,
    Va retentir de leur douleur.
Mais toi, que diras-tu, chère et noble Vendée?
    Si long-temps de sang inondée,
    Tes regrets seront superflus;
Et tu seras semblable à la mère accablée,
Qui s'assied sur sa couche et pleure inconsolée,
    Parce que son enfant n'est plus. *

---

* Et noluit consolari, quia non sunt.

Bientôt vers Saint-Denis, désertant nos murailles,
Au bruit sourd des clairons, peuple, prêtres, soldats,
Nous suivrons à pas lents le char des funérailles,
 Entouré des chars des combats.
Hélas! jadis souillé par des mains téméraires,
 Saint-Denis, où dormaient ses pères,
 A vu déjà bien des forfaits :
Du moins, puisse, à l'abri des complots parricides,
Sous ces murs profanés, parmi ces tombes vides,
 Sa cendre reposer en paix !

D'Enghien s'étonnera, dans les célestes sphères,
De voir sitôt l'ami, cher à ses jeunes ans,
A qui le vieux Condé, prêt à quitter nos terres,
 Léguait ses devoirs bienfaisans. *
A l'aspect de Berry, leur dernière espérance,
 Des Rois que révère la France

---

* On sait que le prince de Condé recommandait en mourant, à Mgr. le duc de Berry, l'honorable indigence de ses vieux compagnons d'armes.

Les ombres frémiront d'effroi ;
Deux Héros gémiront sur leurs races éteintes ;
Et le vainqueur d'Ivry viendra mêler ses plaintes
    Aux pleurs du vainqueur de Rocroy.

Ainsi, Bourbon, au bruit du forfait sanguinaire,
On te vit vers d'Artois accourir désolé,
Car tu savais les maux que cause au cœur d'un père
    Un fils avant l'âge immolé.
Mais bientôt, chancelant dans ta marche incertaine,
    L'affreux souvenir de Vincenne
    Vint s'offrir à tes sens glacés ;
Tu pâlis, et d'Artois, dans la douleur commune,
Sembla presque oublier sa récente infortune,
    Pour plaindre tes revers passés.

Et toi, veuve éplorée, au milieu de l'orage
Attends des jours plus doux, espère un sort meilleur ;
Prends ta sœur pour modèle, et puisse ton courage
    Être aussi grand que ton malheur !

Tu porteras comme elle une urne funéraire ;
 Comme elle, au sein du sanctuaire,
 Tu gémiras sur un cercueil ;
L'Hydre des factions, qui, par des morts célèbres,
A marqué pour ta sœur tant d'époques funèbres,
 Te fait aussi ton jour de deuil.

Pourtant, ô frêle appui de la tige royale,
Si Dieu par ton secours signale son pouvoir,
Tu peux sauver la France, et de l'Hydre infernale
 Tromper encor l'affreux espoir.
Ainsi, quand le Dragon, auteur de tous les crimes,
 Vouait d'avance aux noirs abîmes
 L'homme, que son forfait perdit,
Le Seigneur abaissa sa farouche arrogance ;
Une femme apparut qui, faible et sans défense,
 Brisa du pied son front maudit.

LA NAISSANCE
DU DUC DE BORDEAUX.

> L'enfer, qui pressent sa ruine, tente tous les moyens de victoire; les Démons de la volupté, de l'or, de l'ambition, cherchent à corrompre la Milice fidèle. Le Ciel vient au secours de ses enfans; il prodigue en leur faveur les miracles.... la postérité de Joseph rentre dans la terre de Gossen; et cette conquête, due aux larmes des vainqueurs, ne coûte pas une larme aux vaincus.
> (CHATEAUBRIAND. Martyrs.)

VII.

LA NAISSANCE
DU DUC DE BORDEAUX.

ODE SEPTIEME.

Savez-vous, voyageur, pourquoi, dissipant l'ombre,
D'innombrables clartés brillent dans la nuit sombre;
Quelle immense vapeur rougit les cieux couverts;
Et pourquoi mille cris, frappant la nue ardente,
    Dans la Ville, au loin rayonnante,
Comme un concert confus, s'élèvent dans les airs?

O joie! ô triomphe! ô mystère!
Il est né l'Enfant glorieux,
L'Ange que promit à la terre
Un Martyr partant pour les cieux!
L'avenir voilé se révèle:

Salut à la flamme nouvelle
Qui ranime l'ancien flambeau!
Honneur à ta première aurore,
O jeune lis qui viens d'éclore,
Tendre fleur qui sors d'un tombeau!

C'est Dieu qui l'a donné, le Dieu de la Prière :—
La cloche, balancée aux tours du sanctuaire,
Comme aux jours du repos, y rappelle nos pas.
C'est Dieu qui l'a donné, le Dieu de la Victoire!—
Chez les vieux martyrs de la gloire
Les bronzes ont tonné, comme au jour des combats.

Ce bruit, si cher à ton oreille,
Joint aux voix des temples bénis,
N'a-t-il donc rien qui te réveille,
O toi, qui dors à Saint-Denis!
Lève-toi! Henri doit te plaire
Au sein du berceau populaire;
Accours, ô père triomphant!

Enivre sa lèvre trompée,
Et viens voir si ta noble épée
Pèse aux mains du royal enfant.

Hélas ! il est absent, il est au sein des Justes.
Sans doute en ce moment, de ses aïeux augustes
Le cortège vers lui s'avance consolé :
Car il rendit, mourant sous des coups parricides,
   Un Héros à leurs tombes vides,
Une Race de rois à leur trône isolé.

Parmi tous ces nobles fantômes,
Qu'il élève un front couronné ;
Qu'il soit fier dans les saints royaumes,
Le Père du Roi nouveau-né !
Une race longue et sublime
Sort de l'immortelle victime
Tel un fleuve mystérieux,
Fils d'un mont frappé du tonnerre,

De son cours fécondant la terre,
Cache sa source dans les cieux.

Honneur au rejeton qui deviendra la tige!
Henri, nouveau Joas, sauvé par un prodige,
A l'ombre de l'autel croîtra vainqueur du sort ;
Un jour, de ses vertus notre France embellie,
　　A ses sœurs, comme Cornélie,
Dira : Voilà mon fils, c'est mon plus beau trésor.

　　O toi, de ma pitié profonde
　　Reçois l'hommage solennel,
　　Humble objet des regards du monde ; —
　　Privé du regard paternel.
　　Puisses-tu, né dans la souffrance,
　　Et de ta mère et de la France
　　Consoler la longue douleur!
　　Que le bras divin t'environne,
　　Et puisse, ô Bourbon, la couronne
　　Pour toi ne pas être un malheur!

DU DUC DE BORDEAUX.

Oui, souris, Orphelin, aux larmes de ta mère;
Écarte, en te jouant, ce crêpe funéraire
Qui voile ton berceau des couleurs du cercueil;
Sois aux sombres soucis qui nous rongent encore
  Ce qu'est le flambeau de l'aurore
Aux vapeurs dont la nuit couvre son char de deuil.

Ivre d'espoir, ton Roi lui-même,
Consacrant le jour où tu nais,
T'impose, avant le saint baptême,
Le baptême du Béarnais.
La Veuve t'offre à l'Orpheline;
Vers toi, conduit par l'Héroïne,
Vient ton Aïeul en cheveux blancs;
Et la foule, bruyante et fière,
Se presse à ce Louvre, où naguère,
Muette, elle entrait à pas lents.

Guerriers, peuple, chantez! Bordeaux, lève ta tête,
Cité qui, la première, aux jours de la Conquête,

Maudis la trahison et proclamas ta foi.
Et toi, que le Martyr aux combats eût guidée,
Sors de ta douleur, ô Vendée!
Un Roi naît pour la France, un Soldat naît pour toi.

Rattachez la nef à la rive :
La Veuve reste parmi nous,
Et de sa patrie adoptive
Le ciel lui semble enfin plus doux.
L'espoir à la France l'enchaîne :
Aux champs où fut frappé le chêne
Dieu fait croître un frêle roseau ;
L'amour retient l'humble colombe,
Il faut prier sur une tombe,
Il faut veiller sur un berceau.

Dis, qu'irais-tu chercher au lieu qui te vit naître,
Princesse ? Parthénope outrage son vieux maître :
L'étranger, qu'attiraient des bords exempts d'hivers,

Voit Palerme en fureur, Messine dans les larmes,
Et, plaignant la Sicile en armes,
De ce funèbre Éden fuit les sanglantes mers.

    Mais que les deux Volcans s'éveillent;
    Que le souffle du Dieu jaloux
    Des sombres géants qui sommeillent
    Ranime enfin l'ardent courroux;
    Devant les flots brûlans des laves,
    Que seront ces hautains esclaves,
    Ces chefs d'un jour, ces grands soldats?
    Courage, ô vous, vainqueurs sublimes! —
    Tandis que vous marchez aux crimes,
    La terre tremble sous vos pas.

Reste au sein des Français, ô fille de Sicile.
Ne fuis pas, pour des bords d'où le bonheur s'exile,
Une terre où le lis se relève immortel;
Où du Peuple et des Rois l'union salutaire
    N'est point cet hymen adultère
Du Trône et des Partis, des Camps et de l'Autel.

Nous, ne craignons plus les tempêtes,
Bravons l'horizon menaçant :
Les forfaits qui chargeaient nos têtes
Sont rachetés par l'innocent.
Quand les nochers, dans la tourmente,
Jadis voyaient l'onde écumante
Entr'ouvrir leur frêle vaisseau,
Sûrs de la clémence éternelle,
Pour sauver la nef criminelle
Ils y suspendaient un berceau.

LE BAPTEME
DU DUC DE BORDEAUX.

Sinite parvulos venire ad me.
— Venerunt reges.
(Évangile.)

VIII.

LE BAPTÊME
DU DUC DE BORDEAUX.

ODE HUITIEME.

« Oh ! disaient les peuples du monde,
« Les derniers temps sont-ils venus ?
« Nos pas, dans une nuit profonde,
« Suivent des chemins inconnus.
« Où marchons-nous ? dans l'ombre vide,
« Quel est ce fanal qui nous guide,
« Tous courbés sous un bras de fer ?
« Est-il propice ? est-il funeste ?
« Est-ce la Colonne céleste ?
« Est-ce une flamme de l'Enfer ?

« Les tribus des chefs se divisent ;
« Les troupeaux font fuir les pasteurs ;
« Et les sceptres des Rois se brisent
« Devant les faisceaux des Préteurs.
« Les trônes tombent ; l'autel croule ;
« Les factions naissent en foule
« Sur les bords des deux Océans ;
« Et les ambitions serviles,
« Qui dormaient comme des reptiles,
« Se lèvent comme des géants.

« Ah ! malheur ! nous avons fait gloire,
« Hélas ! d'attentats inouïs,
« Tels qu'en cherche en vain la mémoire
« Dans les siècles évanouis.
« Malheur ! tous nos forfaits l'appellent,
« Tous les signes nous le révèlent,
« Le jour des arrêts solennels.
« L'Homme est digne enfin des Abîmes ;
« Et rien ne manque à ses longs crimes,
« Que les châtimens éternels. »

Le Très-Haut a pris leur défense,
Lorsqu'ils craignaient son abandon;
L'Homme peut épuiser l'offense,
Dieu n'épuise pas le pardon.
Il mène au repentir l'impie;
Lui-même, pour nous, il expie
L'oubli des lois qu'il nous donna;
Pour lui seul il reste sévère;
C'est la Victime du Calvaire
Qui fléchit le Dieu du Sina.

Par un autre berceau son bras nous sauve encore,
Le monde du bonheur n'ose entrevoir l'aurore,
Quoique Dieu des méchans ait puni les défis,
Et troublant leurs conseils, dispersant leurs phalanges,
    Nous ait donné l'un de ses Anges,
Comme aux antiques jours ils nous donna son Fils.

Tel, lorsqu'il sort vivant du gouffre de ténèbres,
Le Prophète voit fuir les visions funèbres;

La terre est sous ses pas, le jour luit à ses yeux ;
Mais lui, tout ébloui de la flamme éternelle,
    Long-temps à sa vue infidèle
La lueur des Enfers voile l'éclat des Cieux.

Peuples, ne doutez pas, chantez votre victoire.
Un Sauveur naît, vêtu de puissance et de gloire ;
Il réunit le glaive et le sceptre en faisceau ;
Des leçons du malheur naîtront nos jours prospères,
    Car de soixante Rois, ses pères,
Les spectres sans cercueils veillent sur son berceau.

Son nom seul a calmé nos tempêtes civiles ;
Ainsi qu'un bouclier il a couvert les villes ;
L'Anarchie et la Haine ont déserté nos murs.
Tel, du jeune lion, qui lui-même s'ignore,
    Le premier cri, paisible encore,
Fait de l'antre royal fuir cent monstres impurs.

DU DUC DE BORDEAUX.

Quel est cet Enfant débile
Qu'on porte aux sacrés parvis?
Toute une foule immobile
Le suit de ses yeux ravis;
Son front est nu, ses mains tremblent,
Ses pieds, que des nœuds rassemblent,
N'ont point commencé de pas;
La faiblesse encor l'enchaîne;
Son regard ne voit qu'à peine,
Et sa voix ne parle pas.

C'est un Roi parmi les hommes;
En entrant dans le saint lieu,
Il devient ce que nous sommes :
C'est un homme aux pieds de Dieu.
Cet Enfant est notre joie,
Dieu pour sauveur nous l'envoie;
Sa loi l'abaisse aujourd'hui.
Les Rois, qu'arme son tonnerre,
Sont tout par lui sur la terre,
Et ne sont rien devant lui.

Que tout tremble et s'humilie :
L'orgueil mortel parle en vain ;
Le Lion royal se plie
Au joug de l'Agneau divin.
Le Père, entouré d'étoiles,
Vers l'Enfant, faible et sans voiles,
Descend, sur les vents porté ;
L'Esprit-Saint de feux l'inonde ;
Il n'est encor né qu'au Monde,
Qu'il naisse à l'Éternité !

Marie, aux rayons modestes,
Heureuse et priant toujours,
Guide les Vierges célestes,
Vers son vieux temple aux deux tours.
Toutes les saintes Armées,
Parmi les soleils semées,
Suivent son char triomphant ;
La Charité les devance,
La Foi brille, et l'Espérance
S'assied près de l'humble Enfant.

Jourdain ! te souvient-il de ce qu'ont vu tes rives ?
Naguère un Pèlerin près de tes eaux captives
Vint s'asseoir et pleura, pareil en sa ferveur
A ces Preux qui, jadis, terrible et saint cortége,
    Ravirent au joug sacrilége
Ton onde baptismale et le tombeau sauveur.

Ce Chrétien avait vu, dans la France usurpée,
Et le Trône et la Croix tomber sous une épée,
Les vertus sans soutien, les forfaits impunis ;
Et lui, des Chevaliers cherchait l'ombre sublime,
    Et s'exilant près de Solime,
Aux lieux où Dieu mourut pleurait ses Rois bannis.

L'eau du saint fleuve emplit sa coupe voyageuse ;
Il partit, il revit notre rive orageuse,
Ignorant quel bonheur attendait son retour,
Et qu'à l'Enfant des Rois, du fond de l'Arabie
    Il apportait, nouveau Tobie,
Le remède divin qui rend l'aveugle au jour.

LE BAPTÊME

Qu'il soit fier dans ses flots, le Fleuve des Prophètes !
Peuples, l'eau du salut est présente à nos fêtes ;
Le Ciel sur cet Enfant a placé sa faveur ;
Qu'il reçoive les eaux que reçut Dieu lui-même ;
    Et qu'à l'onde de son baptême,
Le Monde rassuré reconnaisse un Sauveur.

A vous, comme à Clovis, Prince, Dieu se révèle,
Soyez du temple saint la colonne nouvelle ;
Votre âme en vain du lis efface la blancheur ;
Laissez l'orgueil du rang, l'orgueil de l'innocence ;
    Dieu vous offre, dans sa puissance,
La Piscine du pauvre et la Croix du pécheur.

L'Enfant, quand du Seigneur sur lui brille l'aurore,
Ignore le martyre et sourit à la croix ;
Mais un autre Baptême, hélas ! attend encore
    Le front infortuné des Rois.
Des jours viendront, jeune homme, où ton âme troublée,
    Du fardeau d'un peuple accablée,

Frémira d'un effroi pieux,
Quand le Prêtre sur toi versera l'huile austère,
Formidable présent qu'aux Maîtres de la Terre
    La Colombe apporta des Cieux.

Alors, ô Roi Chrétien, au Seigneur sois semblable ;
Sache être grand par toi, comme il est grand par lui ;
Car le sceptre devient un fardeau redoutable
    Dès qu'on veut s'en faire un appui.
Un vrai Roi sur sa tête unit toutes les gloires ;
    Et si, dans ses justes victoires,
    Par la mort il est arrêté,
Il voit, comme Bayard, une croix dans son glaive,
Et ne fait, quand le Ciel à la Terre l'enlève,
    Que changer d'immortalité.

A LA MUSE.

Je vais, ô Muse, où tu m'envoies.
Je ne sais que verser des pleurs ;
Mais qu'il soit fidèle à leurs joies,
Ce luth fidèle à leurs douleurs ;

Ma voix, dans leur récente histoire,
N'a point, sur des tons de victoire,
Appris à louer le Seigneur.
O Rois, victimes couronnées,
Lorsqu'on chante vos destinées,
On sait mal chanter le bonheur.

A M. LE COMTE G. DE PONS.

VISION.

7. Quia defecimus in irâ, tuâ et in furore tuo turbati sumus;
8. Posuisti iniquitates nostras in conspectu tuo, seculum nostrum in illuminatione vultûs tui;
9. Quoniam omnes dies nostri defecerunt, et in irâ tuâ defecimus.

(Pseaume 89.)

Parce que nous avons failli dans votre colère et que nous avons été troublés dans votre fureur;

Vous avez placé nos iniquités en votre présence, et notre siècle dans la lumière de votre face;

Puisque tous nos jours ont failli et que nous sommes tombés dans votre colère,

IX.

VISION.

ODE NEUVIEME.

Voici ce qu'ont dit les Prophètes,
Aux jours où ces hommes pieux
Voyaient en songe sur leurs têtes
L'Esprit-Saint descendre des Cieux :
« Dès qu'un Siècle, éteint pour le monde,
« Retourne vers la nuit profonde,
« De gloire ou de honte chargé,
« Il va répondre et comparaître
« Devant le Dieu qui le fit naître,
« Seul Juge qui n'est pas jugé. »

VISION.

Or écoutez, fils de la terre,
Vil peuple à la tombe appelé,
Ce qu'en un rêve solitaire
La Vision m'a révélé. —
C'était dans la Cité flottante,
De joie et de gloire éclatante,
Où le Jour n'a pas de Soleil,
D'où sortit la première aurore,
Et d'où retentiront encore
Les clairons du dernier réveil.

Adorant l'Essence inconnue,
Les Saints, les Martyrs glorieux
Contemplaient, sous l'ardente Nue,
Le Triangle mystérieux.
Près du trône où dort le tonnerre
Parut un Spectre centenaire,
Par l'Ange des Français conduit ;
Et l'Ange, vêtu d'un long voile,
Était pareil à l'humble Étoile
Qui guide au ciel la sombre Nuit.

VISION.

Dans les Cieux et dans les Abîmes
Une Voix alors s'entendit,
Qui jusque parmi ses victimes
Fit trembler l'Archange maudit.
Le char des Séraphins fidèles,
Semé d'yeux, brillant d'étincelles,
S'arrêta sur son triple essieu;
Et la roue, aux traces bruyantes,
Et les quatre ailes tournoyantes
Se turent au souffle de Dieu.

LA VOIX.

« Déjà du Livre séculaire
« La page a dix-sept fois tourné;
« Le Gouffre attend que ma colère
« Te pardonne ou t'ait condamné.
« Approche : — Je tiens la balance.
« Te voilà nu sous ma présence,
« Siècle innocent ou criminel.
« Faut-il que ton souvenir meure ?
« Réponds : un siècle est comme une heure
« Devant mon regard éternel.

VISION.

LE SIÈCLE.

« J'ai dans mes pensers magnanimes
« Tout divisé, tout réuni ;
« J'ai soumis à mes lois sublimes
« Et l'Immuable et l'Infini ;
« J'ai pesé vos volontés mêmes....

LA VOIX.

« — Fantôme, arrête ! tes blasphèmes
« Troublent mes Saints d'un juste effroi ;
« Sors de ton orgueilleuse ivresse ;
« Doute aujourd'hui de ta sagesse,
« Car tu ne peux douter de moi.

« Fier de tes aveugles sciences,
« N'as-tu pas ri, dans tes clameurs,
« Et de mon être et des croyances
« Qui gardent les lois et les mœurs ?
« De la mort souillant le mystère,

« N'as-tu pas effrayé la terre
« D'un crime aux humains inconnu?
« Des Rois, avant les temps célestes,
« N'as-tu pas réveillé les restes?...

LE SIÈCLE.

« — O Dieu! votre jour est venu! »

LA VOIX.

« Pleure, ô Siècle! D'abord timide,
« L'Erreur grandit comme un géant;
« L'Athée invite au Régicide :
« Le Chaos est fils du Néant.
« J'aimais une terre lointaine;
« Un Roi sage, une grande Reine
« Conduisaient son peuple joyeux;
« Je bénissais leurs jours augustes :
« Réponds : Qu'as-tu fait de ces Justes?

LE SIÈCLE.

« — Seigneur, je les vois dans vos Cieux. »

LA VOIX.

« Oui : l'épouvante enfin t'éclaire,
« C'est moi qui marque leur séjour
« Aux Réprouvés de ma colère,
« Comme aux Élus de mon amour.
« Qu'un rayon tombe de ma face,
« Soudain tout s'anime ou s'efface,
« Tout naît ou retourne au tombeau ;
« C'est moi dont le souffle invisible
« Allume l'incendie horrible,
« Comme il éteint le pur flambeau. —

« Que l'Oubli muet te dévore. »

LE SIÈCLE.

« — Seigneur, votre bras s'est levé ;
« Seigneur, le Maudit vous implore.

VISION.

LA VOIX.

« — Non : tais-toi, Siècle réprouvé!

LE SIÈCLE.

« — Eh bien donc! l'Age qui va naître
« Absoudra mes forfaits peut-être
« Par des forfaits plus odieux. »
Ici gémit l'humble Espérance,
Et le bel Ange de la France
De son aile voila ses yeux.

LA VOIX.

« Va, ma main t'ouvre les abîmes ;
« Un siècle nouveau prend l'essor :
« Mais, loin de t'absoudre, ses crimes,
« Maudit! t'accuseront encor. »
Et comme l'ouragan qui gronde
Chasse à grand bruit jusque sur l'onde

Le flocon vers les mers jeté,
Long-temps la Voix inexorable
Poursuivit le Siècle coupable
Qui tombait dans l'Éternité.

BUONAPARTE.

De Deo.

X.

BUONAPARTE.

ODE DIXIÈME.

Quand la terre engloutit les cités qui la couvrent,
Que le vent sème au loin un poison voyageur,
Quand l'ouragan mugit, quand des monts brûlans s'ouvrent,
    C'est le réveil du Dieu vengeur.
Et si, lassant enfin les clémences célestes,
    Le monde à ces signes funestes,
    Ose répondre en les bravant;
Un homme alors, choisi par la main qui foudroie,
Des aveugles Fléaux ressaisissant la proie,
    Paraît, comme un Fléau vivant.

Parfois, Élus Maudits de la fureur suprême,
Entre les nations des hommes sont passés,
Triomphateurs long-tems armés de l'anathème, —
    Par l'anathème renversés.
De l'esprit de Nemrod héritiers formidables,
    Ils ont sur les peuples coupables
    Régné par la flamme et le fer;
Et dans leur gloire impure et leur grandeur immonde,
Ces envoyés du Ciel sont apparus au Monde,
    Comme s'ils venaient de l'Enfer.

    De nos jours, de lois affranchie,
    Quand la Reine des Nations
    Descendit de la monarchie,
    Prostituée aux factions,
    On vit, dans ce chaos fétide,
    Naître de l'hydre régicide
    Un despote, empereur d'un camp.
    Telle souvent la mer qui gronde
    Dévore une plaine féconde
    Et vomit un sombre volcan.

D'abord, troublant du Nil les hautes catacombes,
Il vint, chef populaire, y combattre en courant,
Comme pour insulter des tyrans dans leurs tombes,
    Sous sa tente de conquérant. —
Il revint pour régner sur ses compagnons d'armes. —
    En vain l'auguste France en larmes
    Se promettait des jours plus beaux ;
Quand des vieux Pharaons il foulait la couronne,
Sourd à tant de néant, ce n'était qu'un grand trône
    Qu'il rêvait sur leurs grands tombeaux.

Un sang royal teignit sa pourpre usurpatrice ;
Un guerrier fut frappé par ce guerrier sans foi ;
L'anarchie, à Vincenne, admira son complice,
    Au Louvre elle adora son Roi.
Il fallut presque un Dieu pour consacrer cet homme.
    Le Prêtre-Monarque de Rome
    Vint bénir son front menaçant ;
Car, sans doute, en secret effrayé de lui-même,
Il voulait recevoir son sanglant diadème
    Des mains d'où le pardon descend.

Lorsqu'il veut, le Dieu secourable,
Qui livre au méchant les pervers,
Brise le jouet formidable
Dont il tourmentait l'univers.
Celui qu'un instant il seconde
Se dit le seul maître du monde;
Fier, il s'endort dans son néant:
Enfin, bravant la loi commune,
Quand il croit tenir sa fortune,
Le Fantôme échappe au Géant.

Dans la nuit des forfaits, dans l'éclat des victoires,
Cet homme, ignorant Dieu qui l'avait envoyé,
De cités en cités promenant ses prétoires,
 Marchait, sur sa gloire appuyé.
Sa dévorante armée avait, dans son passage,
  Asservi les fils de Pélage,
  Devant les fils de Galgacus;
Et quand dans leurs foyers il ramenait ses braves,
Aux fêtes qu'il vouait à ces Vainqueurs esclaves,
  Il invitait les Rois vaincus.

BUONAPARTE.

Dix empires conquis devinrent ses provinces.
Il ne fut pas content dans son orgueil fatal. —
Il ne voulait dormir qu'en une cour de princes,
    Sur un trône continental.
Rappelant sous vingt cieux ses aigles parsemées,
    Le nord de ses longues armées
    Vit venir l'immense appareil ;
Mais là parut l'écueil de sa course hardie,
Et le phare sauveur d'un sanglant incendie
    Fut l'aurore du grand réveil.

    Il tomba Roi ; — puis dans sa route
    Voulut, faible spectre ennemi,
    Se relever, afin sans doute
    De ne plus tomber à demi. —
    Alors, loin de sa tyrannie,
    Pour qu'une effrayante harmonie
    Frappât l'orgueil anéanti,
    On jeta ce captif suprême
    Sur un rocher, débris lui-même
    De quelque ancien monde englouti.

Là, se refroidissant comme un torrent de lave,
Gardé par ses vaincus, chassé de l'univers,
Ce reste d'un tyran, en s'éveillant esclave,
  N'avait fait que changer de fers.
Tous ses pas dans son île ébranlaient nos murailles.
  Exilé des champs de batailles,
  Il se survivait tout entier.
Il mourut. — Quand ce bruit accourut vers nos villes,
Le Monde respira dans les fureurs civiles,
  Délivré de son Prisonnier.

Ainsi l'orgueil s'égare en sa marche éclatante,
Colosse né d'un souffle et qu'un regard abat. —
Il fit du glaive un sceptre, et du trône une tente.
  Tout son règne fut un combat.
Du fléau qu'il portait lui-même tributaire,
  Il tremblait, prince de la terre;
  Soldat, on vantait sa valeur.
Retombé dans son cœur comme dans un abîme,
Il passa par la Gloire, il passa par le Crime,
  Et n'est arrivé qu'au Malheur.

Peuples, qui poursuivez d'hommages
Les Victimes et les Bourreaux,
Laissez-le fuir seul dans les âges :
Ce ne sont point là les Héros.
Ces faux dieux, que leur siècle encense,
Dont l'avenir hait la puissance,
Vous trompent dans votre sommeil ;
Tels que ces nocturnes aurores
Ou passent de grands Météores,
Mais que ne suit pas le Soleil.

LA LYRE ET LA HARPE.

Alternis dicetis, amant alterna camenæ.
(VIRG.)
Et cœpit loqui, prout spiritus sanctus dabat eloqui.
(Act. apost.)

XI.

LA LYRE ET LA HARPE.

ODE ONZIÈME.

LA LYRE.

Dors, ô fils d'Apollon ! ses lauriers te couronnent.
Dors en paix. Les Neuf Sœurs t'adorent comme un Roi ;
De leurs chœurs nébuleux les Songes t'environnent ;
  La Lyre chante auprès de toi.

LA HARPE.

Eveille-toi, jeune homme, enfant de la misère !
Un rêve ferme au jour tes regards obscurcis,
Et pendant ton sommeil, un indigent, ton frère,
  A ta porte en vain s'est assis.

LA LYRE.

Ton jeune âge est cher à la Gloire,
Enfant, la Muse ouvrit tes yeux,
Et d'une immortelle mémoire
Couronna ton nom radieux;
En vain Saturne te menace:
Va, l'Olympe est né du Parnasse,
Les Poètes ont fait les Dieux.

LA HARPE.

Homme, une femme fut ta mère;
Elle a pleuré sur ton berceau;
Souffre donc. Ta vie éphémère
Brille et tremble, ainsi qu'un flambeau;
Dieu, ton maître, a d'un bras austère
Tracé ton chemin sur la terre,
Et marqué ta place au tombeau.

LA LYRE.

Chante. Jupiter règne et l'univers l'implore;
Vénus embrase Mars d'un souris gracieux;

Iris brille dans l'air, dans les champs brille Flore ;
Chante : les Immortels, du Couchant à l'Aurore,
   En trois pas parcourent les cieux.

LA HARPE.

Prie. Il n'est qu'un vrai Dieu, juste dans sa clémence,
Par la fuite des temps sans cesse rajeuni ;
Tout s'achève dans lui ; par lui tout recommence ;
Son être emplit l'espace ainsi qu'une âme immense ;
   L'Eternel vit dans l'Infini.

LA LYRE.

Ta douce Muse à fuir t'invite ;
Cherche un abri calme et serein ;
Les mortels, que le sage évite,
Subissent le siècle d'airain.
Viens, près de ses Lares tranquilles,
Tu verras de loin dans les villes
Mugir la Discorde aux cent voix.
Qu'importe à l'heureux solitaire
Que l'Autan dévaste la terre,
S'il ne fait qu'agiter ses bois !

LA LYRE

LA HARPE.

Dieu, par qui tout forfait s'expie,
Marche avec celui qui le sert.
Apparais dans la foule impie
Tel que Jean, qui vint du désert.
Va donc, parle aux peuples du monde :
Dis-leur la tempête qui gronde ;
Révèle le Juge irrité ;
Et pour mieux frapper leur oreille,
Que ta voix s'élève, pareille
A la rumeur d'une cité.

LA LYRE.

L'Aigle est l'oiseau du Dieu qu'avant tous on adore.
Du Caucase à l'Athos l'Aigle égaré dans l'air,
Roi du feu qui féconde et du feu qui dévore,
Contemple le soleil et vole sur l'éclair.

LA HARPE.

La Colombe descend du ciel qui la salue,
Et, voilant l'Esprit-Saint sous son regard de feu,

Chère au Vieillard choisi comme à la Vierge élue,
Porte un rameau dans l'Arche, annonce au monde un Dieu.

LA LYRE.

Aime. Eros règne à Gnide, à l'Olympe, au Tartare ;
Son flambeau de Sestos allume le doux phare ;
Il consume Ilion par la main de Pâris.
Toi, fuis de belle en belle, et change avec leurs charmes,
    L'Amour n'enfante que les larmes :
    Les Amours sont frères des Ris.

LA HARPE.

L'Amour divin défend de la Haine infernale.
Cherche pour ton cœur pur une âme virginale ;
Chéris-la : Jéhovah chérissait Israël.
Deux êtres, que dans l'ombre unit un saint mystère ;
    Passent, en s'aimant, sur la terre,
    Comme deux exilés du ciel.

LA LYRE.

    Jouis : c'est au fleuve des ombres
    Que va le fleuve des vivans.

Le sage, s'il a des jours sombres,
Les laisse aux dieux, les jette aux vents.
Enfin, comme un pâle convive,
Quand la mort imprévue arrive,
De sa couche il lui tend la main;
Et, riant de ce qu'il ignore,
S'endort dans la nuit sans aurore,
En rêvant un doux lendemain.

LA HARPE.

Soutiens ton frère qui chancelle;
Pleure si tu le vois souffrir;
Veille avec soin, prie avec zèle;
Vis en songeant qu'il faut mourir.
Le pécheur croit, lorsqu'il succombe,
Que le néant est dans la tombe,
Comme il est dans la volupté;
Mais quand l'ange impur le réclame,
Il s'épouvante d'être une âme,
Et frémit sous l'Eternité.

Le Poète écoutait, à peine à son aurore,
Ces deux lointaines voix qui descendaient du ciel ;
Et plus tard il osa parfois, bien faible encore,
Dire à l'écho du Pinde un hymne du Carmel.

MOÏSE SUR LE NIL.

En ce même temps, la fille de Pharaon vint au fleuve pour se baigner, accompagnée de ses filles, qui marchaient le long du bord de l'eau.

XII.

MOÏSE SUR LE NIL.

ODE DOUZIÈME.

« Mes sœurs, l'onde est plus fraîche aux premiers feux du jour.
« Venez : le moissonneur repose en son séjour;
      « La rive est solitaire encore ;
« Memphis élève à peine un murmure confus;
« Et nos chastes plaisirs, sous ces bosquets touffus,
      « N'ont d'autre témoin que l'aurore.

« Au palais de mon père on voit briller les arts;
« Mais ces bords pleins de fleurs charment plus mes regards
      « Qu'un bassin d'or ou de porphyre :
« Ces chants aériens sont mes concerts chéris;
« Je préfère aux parfums qu'on brûle en nos lambris
      « Le souffle embaumé du zéphyre.

« Venez : l'onde est si calme et le ciel est si pur!
« Laissez sur ces buissons flotter les plis d'azur
   « De vos ceintures transparentes ;
« Détachez ma couronne et ces voiles jaloux ;
« Car je veux aujourd'hui folâtrer avec vous,
   « Au sein des vagues murmurantes.

« Hâtons-nous... Mais parmi les brouillards du matin,
« Que vois-je?—Regardez à l'horizon lointain....
   « Ne craignez rien, filles timides :
« C'est sans doute, par l'onde entraîné vers les mers,
« Le tronc d'un vieux palmier qui, du fond des déserts
   « Vient visiter les Pyramides.

« Que dis-je? si j'en crois mes regards indécis,
« C'est la barque d'Hermès ou la conque d'Isis,
   « Que pousse une brise légère.
« Mais non : c'est un esquif où, dans un doux repos,
« J'aperçois un enfant qui dort au sein des flots,
   « Comme on dort au sein de sa mère.

« Il sommeille; et, de loin, à voir son lit flottant,
« On croirait voir voguer sur le fleuve inconstant
    « Le nid d'une blanche colombe.
« Dans sa couche enfantine il erre au gré du vent;
« L'eau le balance, il dort; et le gouffre mouvant
    « Semble le bercer dans sa tombe.

« Il s'éveille : accourez, ô vierges de Memphis!
« Il crie... Ah! quelle mère a pu livrer son fils,
    « Au caprice des flots mobiles?
« Il tend les bras ; les eaux grondent de toute part.
« Hélas! contre la mort il n'a d'autre rempart
    « Qu'un berceau de roseaux fragiles.

« Sauvons-le... — C'est peut-être un enfant d'Israël.
« Mon père les proscrit; mon père est bien cruel
    « De proscrire ainsi l'innocence!
« Faible enfant! ses malheurs ont ému mon amour;
« Je veux être sa mère : il me devra le jour,
    « S'il ne me doit pas la naissance. »

Ainsi parlait Iphis, l'espoir d'un roi puissant,
Alors qu'aux bords du Nil son cortége innocent
    Suivait sa course vagabonde ;
Et ces jeunes beautés qu'elle effacait encor,
Quand la Fille des Rois quittait ses voiles d'or
    Croyaient voir la Fille de l'Onde. *

Sous ses pieds délicats déjà le flot frémit.
Tremblante, la pitié vers l'enfant qui gémit
    La guide en sa marche craintive ;
Elle a saisi l'esquif ! fière de ce doux poids,
L'orgueil sur son beau front, pour la première fois,
    Se mêle à la pudeur naïve.

Bientôt divisant l'onde et brisant les roseaux,
Elle apporte à pas lents l'enfant sauvé des eaux
    Sur le bord de l'arène humide ;
Et ses sœurs tour à tour, au front du nouveau-né,

---

* Les Égyptiens, comme les Grecs et les Tyriens, croyaient la déesse de la beauté née de l'écume des mers.

Offrant leur doux sourire à son œil étonné,
Déposaient un baiser timide.

Accours, toi qui, de loin, dans un doute cruel,
Suivais des yeux ton fils * sur qui veillait le Ciel ;
Viens ici comme un étrangère ;
Ne crains rien : en pressant Moïse entre tes bras,
Tes pleurs et tes transports ne te trahiront pas,
Car Iphis n'est pas encor mère.

Alors tandis qu'heureuse et d'un pas triomphant,
La vierge, orgueil d'un trône, amenait l'humble enfant,
Baigné des larmes maternelles,
On entendait en chœur, dans les cieux étoilés,
Des anges, devant Dieu de leurs ailes voilés,
Chanter les lyres éternelles.

* La Bible dit que la mère de Moïse laissa sa fille au bord du fleuve pour veiller sur le berceau ; on a cru pouvoir supposer, pour rendre l'action plus rapide, que la mère était restée elle-même afin de remplir ce triste devoir.

« Ne gémis plus, Jacob, sur la terre d'exil;
« Ne mêle plus tes pleurs aux flots impurs du Nil :
  « Le Jourdain va t'ouvrir ses rives.
« Le jour enfin approche où vers les champs promis,
« Gessen verra s'enfuir, malgré leurs ennemis,
  « Les tribus si long-temps captives.

« Sous les traits d'un enfant délaissé sur les flots,
« C'est l'élu du Sina, c'est le roi des Fléaux,
  « Qu'une vierge sauve de l'onde.
« Mortels, vous dont l'orgueil méconnaît l'Éternel,
« Fléchissez : un berceau va sauver Israël;
  « Un berceau doit sauver le Monde. »

LE DÉVOUEMENT.

> In ubi omne mortalium genus vis pestilentiæ depopulabatur, nullâ cœli intemperie, quæ occurreret oculis. Sed domus corporibus exanimis, itinera funeribus complebantur : non sexus, non ætas periculo vacua.
> (TACIT.)
>
> Dans la ville la peste dévorait tout ce qui meurt, aucun nuage dans le ciel ne s'offrait aux yeux; mais les maisons étaient pleines de corps sans vie, les voies, de funérailles. Ni le sexe ni l'âge n'étaient exempts du péril.

XIII.

LE DÉVOUEMENT.

ODE TREIZIÈME.

Je rends grâce au Seigneur : il m'a donné la vie.
La vie est chère à l'homme, entre les dons du ciel ;
Nous bénissons toujours le Dieu qui nous convie
    Au banquet d'absynthe et de miel.
Un nœud de fleurs se mêle aux fers qui nous enlacent ;
    Pour vieillir parmi ceux qui passent,
    Tout homme est content de souffrir ;
L'éclat du jour nous plaît ; l'air des cieux nous enivre.
Je rends grâce au Seigneur : — c'est le bonheur de vivre
    Qui fait la gloire de mourir.

Malheureux le mortel qui meurt, triste victime,
Sans qu'un frère sauvé vive par son trépas,
Sans refermer sur lui, comme un Romain sublime,
 Le gouffre où se perdent ses pas!
Infortuné le peuple, en proie à l'anathème,
 Qui voit, se consumant lui-même,
 Périr son nom et son orgueil,
Sans que toute la terre à sa chute s'incline,
Sans qu'un beau souvenir reste sur sa ruine,
 Comme un flambeau sur un cercueil!

Quand Dieu, las de forfaits, se lève en sa colère,
Il suscite un Fléau formidable aux cités,
Qui laisse après sa fuite un effroi séculaire
 Aux murs, long-temps inhabités,
D'un vil germe, ignoré des peuples en démence,
 Un Géant pâle, un Spectre immense
 Sort et grandit au milieu d'eux;
Et la Ville veut fuir, mais le Monstre fidèle,
Comme un horrible époux, la couvre de son aile,
 Et l'étreint de ses bras hideux.

Le peuple en foule alors, sous le mal qui fermente
Tombe, ainsi qu'en nos champs la neige aux blancs flocons ;
Tout succombe, et partout la mort qui s'alimente
    Renaît des cadavres féconds.
Sous mille traits amis, par cent nœuds légitimes,
    Le Monstre enchaîne ses victimes ;
    Il se repaît de leurs lambeaux ;
Et parmi les bûchers, le deuil et les décombres,
Les vivans sans abris, tels que d'impures ombres,
    Errent loin des morts sans tombeaux.

Quand le cirque s'ouvrait, aux jours des funérailles,
Tous les Romains en paix, par leurs licteurs couverts,
Voyaient de loin lutter les captifs des batailles,
    Livrés aux monstres des déserts.
Ainsi dans leur effroi les nations s'assemblent ;
    Un long cri monte aux cieux qui tremblent,
    Au loin, de mers en mers porté,
Le Monde armé, craignant l'Hydre aux ailes rapides,
Garde sous leur fléau ces mourans homicides,
    Et les menace épouvanté.

Alors (n'est-il pas vrai, sybarites des villes?)
Que les jeux sont plus doux, et les plaisirs meilleurs,
Lorsqu'un mal, plus affreux que les haines civiles,
    Sème en d'autres murs les douleurs!
Loin des couches de feu qu'infecte un germe immonde
    Qu'avec charme l'enfant du monde
    Sur un lit parfumé s'endort!
Et qu'on savoure mieux l'air natal de la vie,
Quand tout un peuple en deuil, qui pleure et nous envie,
    Respire ailleurs un vent de mort!

Chacun reste absorbé dans son cercle éphémère.
La mère embrasse en paix l'enfant qui lui sourit,
Sans s'informer des lieux où le sein d'une mère
    Est mortel au fils qu'il nourrit,
Quelque pitié vulgaire au fond des cœurs s'éveille,
    Entre les fêtes de la veille
    Et les plaisirs du lendemain.
Car tels sont les humains: plaindre les importune;
Ils passent à côté d'une grande infortune,
    Sans s'arrêter sur le chemin.

LE DEVOUEMENT.

Quelques hommes pourtant, qu'un feu secret anime,
Se lèvent de la foule, et chacun dans leurs yeux
Cherche quel beau destin, quel avenir sublime
    Rayonne sur leurs fronts joyeux. —
Un triomphe éclatant peut-être les réclame?.
    Quel espoir enivre leur âme?
    Quel bien? quel trésor? quel honneur?.... —
Ainsi toujours, hélas! sur ce globe d'argile
Si la Vertu paraît, à son aspect tranquille,
    Nous la prenons pour le Bonheur.

O peuples! ces mortels, qu'un Dieu guide et seconde,
Vont d'un pas assuré, d'un regard radieux,
Combattre le Fléau devant qui fuit le monde:
    Adressez-leur vos longs adieux.
Et vous, ô leurs parens, leurs épouses, leurs mères!
    Contenez vos larmes amères;
    Laissez les victimes s'offrir:
Ne les poursuivez pas de plaintes téméraires;
Devaient-ils préférer aucun d'entre leurs frères
    A ceux pour qui l'on peut mourir?

LE DÉVOUEMENT.

Bientôt s'ouvre pour eux la cité solitaire.
Mille spectres vivans les appellent en pleurs,
Surpris qu'il soit encore un mortel sur la terre
 Qui vienne au cri de leurs douleurs.
Ils parlent; et déjà leur voix rassure et guide
 Ces peuples qu'un Fléau livide
 Pousse au tombeau d'un bras de fer,
Et le Monstre, attaqué dans les murs qu'il opprime,
Frémit comme Satan, quand, sauveur et victime,
 Un Dieu parut dans son Enfer.

Ils contemplent de près l'Hydre non assouvie,
Pour ravir ses secrets, résignés à leur sort,
Leur art audacieux lui dispute la vie,
 Ou l'interroge dans la mort.
Quand leurs secours sont vains, leur prière console,
 Le mourant croit à leur parole
 Que le ciel ne peut démentir;
Et si le trépas même, enfin, frappe leur tête,
De l'Apôtre serein l'humble voix ne s'arrête
 Qu'au dernier souffle du Martyr.

LE DÉVOUEMENT. 129

O mortels trop heureux ! qui pourrait vous atteindre,
Vous qui domptez la mort en affrontant ses coups ?
Lorsqu'en vous admirant la foule ose vous plaindre,
  Je vous suis de mes pleurs jaloux.
Infortuné ! jamais, victime volontaire,
   Je n'irai, pour sauver la terre,
   Braver un fléau dévorant,
Ni, calmant par mes soins ses douleurs meurtrières,
Mêler ma plainte amie et mes saintes prières
   Aux soupirs impurs d'un mourant !

Hélas ! ne puis-je aussi m'immoler pour mes frères ?
N'est-il plus d'opprimés ? n'est-il plus de bourreaux ?
Sur quel noble échafaud, dans quels murs funéraires
   Chercher le trépas des héros ?
Oui, que brisant mon corps, la torture sanglante,
   Sur la croix, à ma soif brûlante
   Offre le breuvage de fiel ;
Fier et content, Seigneur, je dirai vos louanges,
Car l'ange du Martyre est le plus beau des anges
   Qui portent les âmes au Ciel.

A L'ACADÉMIE
DES JEUX FLORAUX.

At mihi jam puero cœlestia sacra placebant,
Inque suum furtim Musa trahebat opus.
(OVID.)

XIV.

A L'ACADÉMIE DES JEUX FLORAUX.

ODE QUATORZIÈME.

Vous dont le poétique empire
S'étend des bords du Rhône aux rives de l'Adour,
Vous dont l'art tout-puissant n'est qu'un joyeux délire,
Rois des combats du chant, rois des jeux de la lyre,
   O maîtres du savoir d'amour !

Aussi belle qu'à sa naissance,
Votre Muse se rit des ans et des douleurs ;
Le temps semble en passant respecter son enfance ;
Et la gloire, à ses yeux se voilant d'innocence,
   Cache ses lauriers sous des fleurs.

A L'ACADÉMIE DES JEUX FLORAUX.

Salut! enfant, j'ai pour ma mère
Cueilli quelques rameaux dans vos sacrés bosquets;
Votre main s'est offerte à ma main téméraire;
Étranger, vous m'avez accueilli comme un frère,
　　Et fait asseoir dans vos banquets.

Parmi les Juges de l'arène
L'Athlète fut admis, vainqueur bien faible encor;
Jamais pourtant, errant sur les monts de Pyrène,
Il n'avait réveillé de belle suzeraine
　　Aux sons hospitaliers du cor.

D'une Fée, aux lointaines sphères,
Jamais il n'avait dit les magiques jardins;
Ni, le soir, pour charmer des dames peu sévères,
Conté, près du foyer, les exploits des Trouvères,
　　Et les amours des Paladins.

D'autres, d'une voix immortelle,
Vous peindront d'heureux jours en de joyeux accords;
Moi, la douleur m'éprouve, et mes chants viennent d'elle;
Je souffre et je console, et ma Muse fidèle
　　Se souvient de ceux qui sont morts.

LE GÉNIE.

> Va d'un pas ferme au Capitole!
> (LE TASSE, Ode.)
>
> Les circonstances ne forment pas les hommes, elles les montrent : elles dévoilent, pour ainsi dire, la royauté du Génie, dernière ressource des peuples éteints. Ces Rois qui n'en ont pas le nom, mais qui règnent véritablement par la force du caractère et la grandeur des pensées, sont élus par les événemens auxquels ils doivent commander. Sans ancêtres et sans postérité, seuls de leur race, leur mission remplie, ils disparaissent en laissant à l'avenir des ordres qu'il exécutera fidèlement.
> (F. DE LA MENNAIS.)

XV.

LE GÉNIE.

ODE QUINZIÈME.

A M. LE VICOMTE DE CHATEAUBRIAND.

Malheur à l'enfant de la terre,
Qui, dans ce monde injuste et vain,
Porte en son âme solitaire
Un rayon de l'Esprit divin !
Malheur à lui ! l'impure Envie
S'acharne sur sa noble vie,
Semblable au Vautour Éternel ;
Et, de son triomphe irritée,
Punit ce nouveau Prométhée
D'avoir ravi le Feu du ciel.

La Gloire, fantôme céleste,
Apparaît de loin à ses yeux;
Il subit le pouvoir funeste
De son sourire impérieux.
Ainsi l'oiseau, faible et timide,
Veut en vain fuir l'hydre perfide
Dont l'œil le charme et le poursuit;
Il voltige de cime en cime,
Puis il accourt, et meurt victime
Du doux regard qui l'a séduit.

Ou, s'il voit luire enfin l'aurore
Du jour promis à ses efforts,
Vivant, si son front se décore
Du laurier qui croît pour les morts;
L'Erreur, l'Ignorance hautaine,
L'Injure impunie et la Haine
Usent les jours de l'Immortel;
Du malheur imposant exemple,
La Gloire l'admet dans son temple
Pour l'immoler sur son autel.

LE GÉNIE.

Pourtant, fallût-il être en proie
A l'injustice, à la douleur,
Qui n'accepterait avec joie
Le Génie au prix du Malheur?
Quel mortel, sentant dans son âme
S'éveiller la céleste flamme
Que le temps ne saurait ternir,
Voudrait, redoutant sa victoire,
Au sein d'un bonheur sans mémoire,
Fuir son triste et noble avenir?

———

Chateaubriand, je t'en atteste,
Toi qui, déplacé parmi nous,
Reçus du ciel le don funeste
Qui blesse notre orgueil jaloux ;
Quand ton nom doit survivre aux âges,
Que t'importe les vils outrages
D'un vulgaire, né pour mourir,
Qui, poussé par la calomnie,
Poursuit encor dans ton génie
Le grand siècle qu'il veut flétrir !

LE GÉNIE.

Brave la Haine empoisonnée :
Le nocher rit des flots mouvans,
Lorsque sa poupe couronnée
Entre au port, à l'abri des vents.
Long-temps, ignoré dans le monde,
Ta nef a lutté contre l'onde
Souvent prête à l'ensevelir ;
Ainsi jadis le vieil Homère
Errait, inconnu sur la terre,
Qu'un jour son nom devait remplir.

Jeune encor, quand des mains du crime
La France en deuil reçut des fers,
Tu fuis : le feu pur qui t'anime
S'éveilla dans l'autre univers.
Contemplant ces vastes rivages,
Ces grands fleuves, ces bois sauvages,
Aux humains tu disais adieu :
Car dans ces lieux que l'homme ignore,
Du moins ses pas n'ont point encore
Effacé les traces de Dieu.

LE GÉNIE.

Tu vins, dans un temps plus tranquille,
Fouler cette terre des arts,
Où croît le laurier de Virgile,
Où tombent les murs des Césars.
Tu vis la Grèce humble et domptée :
Hélas ! il n'est plus de Tyrtée
Chez ces peuples, jadis si grands ;
Les Grecs courbent leurs fronts serviles,
Et le rocher des Thermopyles
Porte les tours de leurs tyrans.

Ces cités que vante l'histoire
Pleurent leurs enfans aguerris ;
Le vieux souvenir de leur gloire
N'habite plus que leurs débris ;
Les dieux ont fui : dans les prairies,
Éleusis de ses théories
N'entend plus les pieux concerts ;
Délos cherche ses chœurs fidèles ;
L'airain qui gronde aux Dardanelles
Trouble seul les temples déserts.

Le camp voyageur du Numide
T'accueillit, errant sur ce bord
Où s'élève la Pyramide,
Tente immobile de la Mort.
Tu vis encor le mont auguste
Où, maudit par son peuple injuste,
Mourut le Sauveur des humains;
Sur le tombeau qui nous rachète,
La Muse sainte du Prophète
T'enseigna ses secrets divins.

Enfin, au foyer de tes pères
Tu vins, rapportant pour trésor
Tes maux aux rives étrangères,
Et les hautes leçons du sort.
Tu déposas ta douce lyre :
Dès lors, la raison qui t'inspire
Au sénat parla par ta voix;
Et la Liberté rassurée
Confia sa cause sacrée
A ton bras, défenseur des Rois.

LE GÉNIE.

Dans cette arène où l'on t'admire,
Sois fier d'avoir tant combattu,
Honoré du double martyre
Du Génie et de la Vertu.
Poursuis, remplis notre espérance :
Sers ton Prince, éclaire la France
Dont les destins vont s'accomplir ;
L'Anarchie, altière et servile,
Pâlit devant ton front tranquille
Qu'un Tyran n'a point fait pâlir.

Que l'Envie, aux pervers unie,
Te poursuive de ses clameurs,
Ton noble essor, Fils du Génie,
T'enlève à ces vaines rumeurs ;
Tel l'oiseau du Cap des Tempêtes
Voit des nuages sur nos têtes
Rouler l'amas séditieux :
Pour lui, loin des bruits de la Terre,
Bercé sur son aile légère,
Il va s'endormir dans les Cieux. *

* L'Albatros dort en volant.

LA FILLE D'OTAÏTI.

Écoutez la jeune fiancée qui pleure, elle pleure parce qu'elle est délaissée.
(BALLADE D'ARVEN.)

XVI.

LA FILLE D'OTAÏTI.

ODE SEIZIEME.

« Oh! dis-moi, tu veux fuir? et la voile inconstante
« Va bientôt de ces bords t'enlever à mes yeux?
« Cette nuit j'entendais, trompant ma douce attente,
« Chanter les matelots qui repliaient leur tente:
  « Je pleurais à leurs cris joyeux.

« Pourquoi quitter notre île? En ton île étrangère,
« Les cieux sont-ils plus beaux? a-t-on moins de douleurs?
« Les tiens, quand tu mourras, pleureront-ils leur frère?
« Couvriront-ils tes os du plane funéraire
  « Dont on ne cueille pas les fleurs?

« Te souvient-il du jour où les vents salutaires
« T'amenèrent vers nous pour la première fois?
« Tu m'appelas de loin sous nos bois solitaires.
« Je ne t'avais point vu jusque alors sur nos terres,
  « Et pourtant je vins à ta voix.

« Oh! j'étais belle alors ; mais les pleurs m'ont flétrie,
« Reste, ô jeune étranger ; ne me dis pas adieu.
« Ici, nous parlerons de ta mère chérie ;
« Tu sais que je me plais aux chants de ta patrie,
  « Comme aux louanges de ton Dieu.

« Tu rempliras mes jours : à toi je m'abandonne.
« Que t'ai-je fait pour fuir ? Demeure sous nos cieux.
« Je guérirai tes maux, je serai douce et bonne,
« Et je t'appellerai du nom que l'on te donne
  « Dans le pays de tes aïeux.

« Je serai, si tu veux, ton esclave fidèle,
« Pourvu que ton regard brille à mes yeux ravis ;

« Reste, ô jeune étranger, reste, et je serai belle ;
« Mais tu n'aimes qu'un temps, comme notre hirondelle :
    « Moi, je t'aime comme je vis.

« Hélas! tu veux partir. Aux monts qui t'ont vu naître,
« Sans doute quelque vierge espère ton retour.
« Eh bien, daigne avec toi m'emmener, ô mon maître !
« Je lui serai soumise, et l'aimerai peut-être,
    « Si ta joie est dans son amour.

« Loin de mes vieux parens, qu'un tendre orgueil enivre,
« Du bois où dans tes bras j'accourus sans effroi,
« Loin des fleurs, des palmiers, je ne pourrai plus vivre.
« Je mourrais seule ici. Va, laisse-moi te suivre :
    « Je mourrai du moins près de toi.

« Si l'humble bananier accueillit ta venue,
« Si tu m'aimas jamais, ne me repousse pas.
« Ne t'en va pas sans moi dans ton île inconnue,
« De peur que ma jeune âme, errante dans la nue,
    « N'aille seule suivre tes pas. »

Quand le matin dora lés voiles fugitives,
En vain on la chercha sous son dôme léger;
On ne la revit plus dans les bois, sur les rives
Pourtant la douce Vierge, aux paroles plaintives,
  N'était pas avec l'Étranger.

L'HOMME HEUREUX.

Beatus qui non prosper.

XVII.

L'HOMME HEUREUX.

ODE DIX-SEPTIEME.

« Je vous abhorre, ô dieux! Hélas! si jeune encore,
    « Je puis déjà ce que je veux ;
« Accablé de vos dons, ô dieux, je vous abhorre ;
« Que vous ai-je donc fait pour combler tous mes vœux ?

« Du détroit de Léandre aux colonnes d'Alcide,
    « Mes vaisseaux parcourent les mers ;
« Mon palais engloutit, ainsi qu'un gouffre avide,
« Les trésors des cités et les fruits des déserts.

« Je dors au bruit des eaux, au son lointain des lyres ;
 « La pourpre orne mon lit vermeil ;
« Et sur mon front brûlant appelant les zéphyres,
« Dix vierges de l'Indus veillent pour mon sommeil.

« Je laisse, en mes banquets, à l'ingrat parasite
 « Des mets que repousse ma main ;
« Et, dans les plats dorés, ma faim que rien n'excite
« Dédaigne des poissons nourris de sang humain.

« Aux bords du Tibre, aux monts qui vomissent les laves,
 « J'ai des jardins délicieux ;
« Mes domaines, partout couverts de mes esclaves,
« Fatiguent mes coursiers, importunent mes yeux.

« Je vois les grands me craindre et César me sourire ;
 « Je protége les supplians ;
« J'ai des pavés de marbre et des bains de porphyre ;
« Mon char est salué d'un peuple de clients.

HEUREUX.

« Les beautés de l'Europe et celle de l'Asie
   « Touchent peu mon cœur déjà mort ;
« Dans une coupe d'or l'ennui me rassasie,
   « Et le pauvre qui pleure est jaloux de mon sort !

« D'implacables faveurs me poursuivant sans cesse,
   « Vous m'avez flétri dans ma fleur ;
« Dieux ! donnez l'espérance à ma froide jeunesse ;
« Je vous rends tous ces biens pour un peu de bonheur.

Dans le temple, traînant sa langueur opulente,
Ainsi parlait Celsus de sa couche indolente ;
Il blasphémait ses dieux ; et bénissant le ciel,
Un martyr expirait devant l'impur autel.

LE REGRET.

Il s'est trouvé par fois, comme pour faire voir
Que du bonheur en nous est encor le pouvoir,
Deux âmes s'élevant sur les plaines du monde,
Toujours l'une pour l'autre existence féconde,
Puissantes à sentir avec un feu pareil,
Double et brûlant rayon né d'un même soleil,
Vivant comme un seul être, intime et pur mélange,
Semblables dans leur vol aux deux ailes d'un ange,
Ou telles que des nuits les jumeaux radieux
D'un fraternel éclat illuminent les cieux.
Si l'homme a séparé leur ardeur mutuelle,
C'est alors que l'on voit, et rapide et fidèle,
Chacune, de la foule écartant l'épaisseur,
Traverser l'Univers et voler à sa sœur.
(ALFRED DE VIGNY. Héléna.)

XVIII.

LE REGRET.

ODE DIX-HUITIÈME.

Oui, le bonheur bien vite a passé dans ma vie.
On le suit; dans ses bras on se livre au sommeil;
Puis, comme cette Vierge aux champs crétois ravie,
    On se voit seul à son réveil.

On le cherche de loin dans l'avenir immense ;
On lui crie: « Oh! reviens, compagnon de mes jours! »
Et le plaisir accourt, mais sans remplir l'absence
    De celui qu'on pleure toujours.

LE REGRET.

Moi, si l'impur plaisir m'offre sa vaine flamme,
Je lui dirai : « Va, fuis, et respecte mon sort :
« Le bonheur a laissé le regret dans mon âme ;
  « Mais toi, tu laisses le remord. »

Pourtant je ne dois point troubler votre délire,
Amis ; je veux paraître ignorer les douleurs ;
Je souris avec vous, je vous cache ma lyre
  Lorsqu'elle est humide de pleurs.

Chacun de vous peut-être, en son cœur solitaire,
Sous des ris passagers étouffe un long regret ;
Hélas ! nous souffrons tous ensemble sur la terre,
  Et nous souffrons tous en secret.

Tu n'as qu'une colombe, à tes lois asservie ;
Tu mets tous tes amours, Vierge, dans une fleur.
Mais à quoi bon ? La fleur passe comme la vie,
  L'oiseau fuit comme le bonheur.

LE REGRET.

On est honteux des pleurs; on rougit de ses peines,
Des innocens chagrins, des souvenirs touchans;
Comme si nous n'étions sous les terrestres chaînes,
 Que pour la joie et pour les chants !

Hélas! il m'a donc fui, sans me laisser de trace,
(Mais pour le retenir j'ai fait ce que j'ai pu)
Ce temps où le bonheur brille, et soudain s'efface,
 Comme un sourire interrompu.

AU VALLON

DE CHERIZY.

Factus sum peregrinus... et quæsivi qui simul
contristaretur, et non fuit. (Ps. 68.)
Perfice gressus meos in semitis tuis. (Ps. 16.)

Je suis devenu voyageur... et j'ai cherché qui
s'affligerait avec moi, et nul n'est venu.
Permets à mes pas de suivre ta trace.

XIX.

AU VALLON

DE CHERIZY.

ODE DIX-NEUVIÈME.

Le Voyageur s'assied sous votre ombre immobile,
Beau vallon ; triste et seul, il contemple en rêvant
L'oiseau qui fuit l'oiseau, l'eau que souille un reptile,
  Et le jonc qu'agite le vent.

Hélas ! l'homme fuit l'homme ; et souvent avant l'âge
Dans un cœur noble et pur se glisse le malheur ;
Heureux l'humble roseau qu'alors un prompt orage
  En passant brise dans sa fleur !

AU VALLON

Cet orage, ô vallon, le Voyageur l'implore.
Déjà las de sa course, il est bien loin encore
    Du terme où ses maux vont finir ;
Il voit devant ses pas, seul pour se soutenir,
Aux rayons nébuleux de sa funèbre aurore,
    Le grand désert de l'avenir.

De dégoûts en dégoûts il va traîner sa vie.
Que lui font ces faux biens qu'un faux orgueil envie ?
Il cherche un cœur fidèle, ami de ses douleurs ;
Mais en vain : nuls secours n'aplaniront sa voie,
Nul parmi les mortels ne rira de sa joie,
    Nul ne pleurera de ses pleurs.

Son sort est l'abandon, et sa vie isolée
Ressemble au noir cyprès qui croît dans la vallée.
Loin de lui, le lis vierge ouvre au jour son bouton ;
Et jamais, redoutant son ombre malheureuse,
    Une jeune vigne amoureuse
A ses sombres rameaux n'enlace un verd feston.

Avant de gravir la montagne,
Un moment au vallon le Voyageur a fui.
Le silence du moins répond à son ennui;
Il est seul dans la foule : ici, douce compagne,
La solitude est avec lui.

Isolés comme lui, mais plus que lui tranquilles,
　　Arbres, gazons, rians asiles,
Sauvez ce malheureux du regard des humains.
Ruisseaux, livrez vos bords, ouvrez vos flots dociles
A ses pieds qu'à souillés la fange de leurs villes,
　　Et la poudre de leurs chemins.

Ah! laissez-lui chanter, consolé sous vos ombres,
Ce long songe idéal de nos jours les plus sombres,
La Vierge au front si pur, au sourire si beau!
Si pour l'hymen d'un jour c'est en vain qu'il l'appelle,
Laissez du moins rêver à son âme immortelle
　　L'éternel hymen du tombeau.

La terre ne tient point sa pensée asservie ;
Le bel espoir l'enlève au triste souvenir ;
Deux ombres désormais dominent sur sa vie :
L'une est dans le passé, l'autre est dans l'avenir.

Oh ! dis, quand viendras-tu ? quel Dieu va te conduire,
Être charmant et doux, vers celui que tu plains ?
  Astre ami, quand viendras-tu luire,
Comme un soleil nouveau, sur ses jours orphelins ?

Il ne l'obtiendra point, chère et noble conquête,
Au prix de ces vertus qu'il ne peut oublier.
Il laisse au gré du vent le jonc courber sa tête ;
Il sera le grand chêne, et devant la tempête
  Il saura rompre et non plier.

Elle approche, il la voit ; mais il la voit sans crainte.
  Adieu, flots purs, berceaux épais,
Beau vallon où l'on trouve un écho pour sa plainte,
  Bois heureux où l'on souffre en paix !

Heureux qui peut, au sein du vallon solitaire,
Naître, vivre et mourir dans le champ paternel?
Il ne connaît rien de la terre,
Et ne voit jamais que le ciel.

A TOI.

Sub umbrâ alarum tuarum protege me.
(Psaume 16.)
Couvrez-moi de l'ombre de vos ailes.

XX.

A TOI.

ODE VINGTIÈME.

Lyre long-temps oisive, éveillez-vous encore,
Il se lève, et nos chants le salueront toujours,
    Ce jour que son doux nom décore,
    Ce jour sacré parmi les jours !

O Vierge ! à mon enfance un Dieu t'a révélée,
Belle et pure ; et rêvant mon sort mystérieux,
Comme une blanche étoile aux nuages mêlée,
Dès mes plus jeunes ans je te vis dans mes cieux.

A TOI.

Je te disais alors : « O toi, mon espérance,
« Viens, partage un bonheur qui ne doit pas finir. »
Car de ma vie encor, dans ces jours d'ignorance,
Le passé n'avait point obscurci l'avenir.

Ce doux penchant devint une indomptable flamme ;
Et je pleurai ce temps, écoulé sans retour,
  Où la vie était pour mon âme
Le songe d'un enfant que berce un vague amour.

Aujourd'hui, réveillant sa victime endormie,
Sombre, au lieu du bonheur que ma folie a cru,
Devant mes yeux, troublés par l'espérance amie,
Avec un rire affreux le malheur a paru.

Quand seul dans cette vie, hélas ! d'écueils semée,
Il faut boire le fiel dont le calice est plein,
  Sans les pleurs de sa bien-aimée
  Que reste-t-il à l'orphelin ?

Si les heureux d'un jour parent de fleurs leurs têtes,
Il fuit, souillé de cendre et vêtu de lambeaux ;
    Et pour lui la coupe des fêtes,
      Ressemble à l'urne des tombeaux.

Il est chez les vivans comme une lampe éteinte.
Le monde en ses douleurs se plaît à l'exiler ;
Seulement vers le ciel il élève sans crainte
Ses yeux chargés de pleurs qui ne peuvent couler.

Mais toi, console-moi ; viens, consens à me suivre ;
Arrache de mon sein le trait envenimé ;
Daigne vivre pour moi, pour toi laisse-moi vivre ;
J'ai bien assez souffert, Vierge, pour être aimé.

Oh ! de ton doux sourire embellis-moi la vie ;
Le plus grand des bonheurs est encor dans l'amour.
La lumière à mes yeux n'a point été ravie ;
Viens, je suis dans la nuit, mais je puis voir le jour.

A TOI.

Mes chants ne cherchent pas une illustre mémoire;
Et s'il faut me courber sous ce fatal honneur;
Ne crains rien, ton époux ne veut pas que sa gloire
    Retentisse dans son bonheur.

Goûtons du chaste hymen le charme solitaire.
Que la félicité nous cache à tous les yeux.
    Le serpent couché sur la terre
N'entend pas deux oiseaux qui volent dans les cieux.

Mais si ma jeune vie, à tant de flots livrée,
Si mon destin douteux t'inspire un juste effroi,
Alors fuis, toi qui fus mon épouse adorée;
    Toi qui fus ma mère, attends-moi.

Bientôt j'irai dormir d'un sommeil sans alarmes,
Heureux si, dans la nuit dont je serai couvert,
Un œil indifférent donne en passant des larmes
A mon luth oublié, sur mon tombeau désert !

A TOI.

Toi, que d'aucun revers les coups n'osent t'atteindre
Et puisses-tu jamais, gémissant à ton tour,
Ne regretter celui qui mourut sans se plaindre,
Et qui t'aimait de tant d'amour!

LA CHAUVE-SOURIS.

> Fille de la nuit brumeuse, pourquoi voles-tu ainsi sur ma tête avec les ailes noires et froides ?
>
> (EDDA.)

XXI.

LA CHAUVE-SOURIS.

ODE VINGT ET UNIÈME.

Oui, je te reconnais, je t'ai vu dans mes songes,
Triste oiseau ; mais sur moi vainement tu prolonges
Les cercles inégaux de ton vol ténébreux ;
Des spectres réveillés porte ailleurs les messages ;
 Va, pour craindre tes noirs présages,
Je ne suis point coupable et ne suis point heureux.

Attends qu'enfin la Vierge, à mon sort asservie,
Que le ciel comme un ange envoya dans ma vie,
De ma longue espérance ait couronné l'orgueil ;
Alors tu reviendras, troublant la douce fête,
Joyeuse, déployer tes ailes sur ma tête,
 Ainsi que deux voiles de deuil.

LA CHAUVE-SOURIS.

Sœur du hibou funèbre et de l'orfraie avide,
Mêlant le houx lugubre au nénuphar livide,
Les filles de Satan t'invoquent sans remords ;
Fuis l'abri qui me cache et l'air que je respire ;
De ton ongle hideux ne touche pas ma lyre,
De peur de réveiller des morts.

La nuit, quand les démons dansent sous le ciel sombre,
Tu suis le chœur magique en tournoyant dans l'ombre.
L'hymne infernal t'invite au conseil malfaisant.
Fuis, car un doux parfum sort de ces fleurs nouvelles ;
Fuis, il faut à tes mornes ailes
L'air du tombeau natal et la vapeur du sang.

Qui t'amène vers moi ? Viens-tu de ces collines
Où la lune s'enfuit sur de blanches ruines ?
Son front est, comme toi, sombre dans sa pâleur.
Tes yeux dans leur route incertaine
Ont donc suivi les feux de ma lampe lointaine ?
Appelé par la vie, ainsi vient le malheur.

LA CHAUVE-SOURIS.

Sors-tu de quelque tour qu'habite le Vertige,
Nain bizarre et cruel, qui sur les monts voltige,
Prête aux feux du marais leur errante rougeur,
Rit dans l'air, des grands pins courbe en criant les cimes,
Et chaque soir, rôdant sur le bord des abîmes,
Jette aux vautours du gouffre un pâle voyageur?

En vain autour de moi ton vol qui se promène
Sème une odeur de tombe et de poussière humaine;
Ton aspect m'importune et ne peut m'effrayer.
Fuis donc, fuis, ou demain je livre aux yeux profanes
Ton corps sombre et velu, tes ailes diaphanes,
Dont le pâtre conteur orne son noir foyer.

Des enfans se joueront de ta dent furieuse;
Une Vierge viendra, tremblante et curieuse,
De son rire craintif t'effrayer à grand bruit;
Et le jour te verra, dans le ciel exilée,
  A mille oiseaux joyeux mêlée,
D'un vol aveugle et lourd chercher en vain la nuit.

LE NUAGE.

> J'erre au hasard, en tous lieux, d'un mouvement plus doux que la sphère de la lune.
> (SHAKESPEARE.)

XXII.

LE NUAGE.

ODE VINGT-DEUXIÈME.

Ce beau nuage, ô Vierge, aux hommes est pareil.
Bientôt tu le verras, grondant sur notre tête,
Aux champs de la lumière amasser la tempête,
Et leur rendre en éclairs les rayons du soleil.

Oh! qu'un ange long-temps d'un souffle salutaire
Le soutienne en son vol, tel que l'ont vu tes yeux!
Car, s'il descend vers nous, le nuage des cieux
N'est plus qu'un brouillard sur la terre.

Vois, pour orner le soir, ce matin il est né.
L'Astre géant, fécond en splendeurs inconnues,
Change en cortége ardent l'amas jaloux des nues :
Le Génie est plus grand d'envieux couronné.

La tempête qui fuit d'un orage est suivie.
L'âme a peu de beaux jours ; mais, dans son ciel obscur,
L'Amour, soleil divin, peut dorer d'un feu pur
    Le nuage errant de la vie.

Hélas ! ton beau nuage aux hommes est pareil.
Bientôt tu le verras, grondant sur notre tête,
Aux champs de la lumière amasser la tempête,
Et leur rendre en éclairs les rayons du soleil.

LE CAUCHEMAR.

> Ægri somnia.
> (HOR.)

> Oh! j'ai fait un songe!.. Il est au-dessus des facultés de l'homme de dire ce qu'était mon songe.... L'œil de l'homme n'a jamais ouï, l'oreille de l'homme n'a jamais vu, la main de l'homme ne peut jamais tâter, ni sa langue concevoir, ni ses sens exprimer en paroles ce qu'était mon rêve.
> (SHAKESPEARE.)

> Il.... soulève sa tête énorme, et rit.
> (CH. NODIER, Smarra.)

XXIII.

LE CAUCHEMAR.

ODE VINGT-TROISIÈME.

Sur mon sein haletant, sur ma tête inclinée,
Écoute, cette nuit il est venu s'asseoir ;
Posant sa main de plomb sur mon âme enchaînée,
Dans l'ombre il la montrait, comme une fleur fanée,
    Aux spectres qui naissent le soir.

Ce monstre aux élémens prend vingt formes nouvelles ;
Tantôt dans une eau morte il traîne son corps bleu ;
Tantôt son rire éclate en rouges étincelles ;
Deux éclairs sont ses yeux, deux flammes sont ses ailes ;
    Il vole sur un lac de feu.

LE CAUCHEMAR.

Comme d'impurs miroirs, des ténèbres mouvantes
Répètent son image en cercle autour de lui ;
Son front confus se perd dans des vapeurs vivantes ;
Il remplit le sommeil de vagues épouvantes,
    Et laisse à l'âme un long ennui.

Vierge, ton doux repos n'a point de noir mensonge.
La Nuit d'un pas léger touche ton front vermeil.
Jamais jusqu'à ton cœur un rêve affreux ne plonge ;
Et quand ton âme au ciel s'envole dans un songe,
    Un ange garde ton sommeil.

LE MATIN.

Moriturus moriturae.

XXIV.

LE MATIN.

ODE VINGT-QUATRIÈME.

Le voile du matin sur les monts se déploie.
Vois, un rayon naissant blanchit la vieille tour ;
Et déjà dans les cieux s'unit avec amour,
    Ainsi que la gloire à la joie,
Le premier chant des bois aux premiers feux du jour.

Oui, souris à l'éclat dont le Ciel se décore ! —
Tu verras, si demain le cercueil me dévore,
Luire à tes yeux en pleurs un soleil aussi beau,
Et les mêmes oiseaux chanter la même aurore
    Sur mon noir et muet tombeau.

Mais dans l'autre horizon l'âme alors est ravie.
L'avenir sans fin s'ouvre à l'être illimité.
>   Au matin de l'éternité
>   On se réveille de la vie,
Comme d'une nuit sombre ou d'un rêve agité.

RAYMOND D'ASCOLI.

> Muses, qui dans ce lieu champêtre
> Avec soin me fîtes nourrir,
> Beaux arbres, qui m'avez vu naître,
> Bientôt vous me verrez mourir.
> (CHAUL.)

ÉLÉGIE.

Vers le milieu du xive siècle, Raymond d'Ascoli, jeune poète, diciple de Pétrarque, voué dès son enfance, par son père, à l'état ecclésiastique, devint amoureux d'Emma Giovanna Stravaggi. Son père, ayant découvert cette passion par des mots entrecoupés, qu'il lui entendit proférer dans son sommeil, le chassa de sa présence. Raymond, désespéré, s'alla donner la mort dans le lieu même où venait chaque matin sa maîtresse.

Ce jeune poète, mort à dix-huit ans, était le neveu de ce Cecco d'Ascoli, ami de Pétrarque, médecin de Jean XXII à Avignon, professeur à l'université de Bologne, qui, ayant composé un poëme sur la morale et l'histoire naturelle, fut accusé d'hérésie et de sacrilége par Dino et Thomas del Garbo, et brûlé à Florence par le Saint-Office.
(*Chroniq. de Lambert*, moine du xve siècle.)

RAYMOND D'ASCOLI.

ELEGIE.

Bientôt.... Lis sans retard, lis, ô vierge adorée,
Ce que trace ma main par mes pleurs égarée;
Emma, pardonne-moi, car mon sort est fixé.
Il faut t'en avertir... A l'aurore prochaine,
Fuis, va tresser ailleurs tes longs cheveux d'ébène;
Ne viens plus sur ces bords rêver au jour passé;
De peur, ô mon Emma, que là, sous cet ombrage,
Cette eau pure, où tes yeux chercheront ton image,
    Ne t'offre un cadavre glacé.

J'ose t'écrire ; hélas ! à nos ardeurs naissantes
Qu'eût servi jusqu'ici ce pénible secours ?
    Les doux aveux de nos amours
A peine ont effleuré nos lèvres innocentes ;
    Un mot faisait tous nos discours.
Mes regards te parlaient ; j'ai lu dans ton sourire.
Tu m'aimais sans transports, je t'aimais sans délire
    C'est ainsi qu'on s'aime aux beaux jours.

    Oui, frémis, ma charmante épouse.
Ignorant mon malheur, hélas ! si dès demain
Tu suis un chœur joyeux sur l'humide pelouse,
Un autre s'offrira pour te donner la main ;
Un autre ici viendra voir, à l'aube naissante,
Flotter à plis d'azur ton voile transparent ;
Un autre devant toi, déité bienfaisante,
    Amenera l'aveugle errant.

Un autre te suivra dans tes songes paisibles ;
Le soir, il remplira, tranquille à tes genoux,

Et le sort vient d'apprendre à ce tyran jaloux.
Notre amour, dont l'ardeur, par le repos contrainte,
Etait presque un secret pour nous.

Ce n'est pas qu'il m'ait vu, lorsque la nuit arrive,
Errer auprès de ton séjour;
Ou, quand tu sors des bois inquiète et pensive,
Veiller de loin sur ton retour.
Il n'a point entendu d'un oreille furtive
Ces vers pour qui ton jeune amour
M'a promis des baisers que ta pudeur craintive
Me refuse de jour en jour.

Cette nuit, en dormant, encor plein de la veille,
Je chantais à tes pieds; mes chants te semblaient doux;
J'en recevais le prix de ta lèvre vermeille;
Tu me livrais ta main, et j'étais ton époux.
Mais ton nom de mon père alla frapper l'oreille;
Mon père entendit tout. Maintenant tu peux voir

Ce qui fait les ennuis où mon âme est en proie :
Mon réveil fut suivi du pâle désespoir,
 Et mon songe emporta ma joie.

Tu n'as jamais connu mon père courroucé. —
« Va, fuis loin de ces bords, fils ingrat et profane !
« Apprends, puisque j'ai su ton amour insensé,
 « Le vœu sacré qui te condamne.
« Choisis un cloître obscur qui garde ton secret,
« Ou pour quitter ces lieux nous t'accordons une heure.
« Ta mère, comme moi, te bannit sans regret
 « De sa vue et de sa demeure.... »
 Ma mère, hélas ! elle pleurait.

J'ai fui : mais, chère Emma, sous le coup qui m'afflige,
 Sous quels cieux puis-je aller souffrir ?
Croit-on qu'aux champs du nord le rossignol voltige ?
Et, lorsqu'un vent cruel l'arrache de sa tige,
 Le lis ailleurs sait-il fleurir ?

Non, banni loin de toi, la tombe est ma retraite;
    Et ton Raymond qui te regrette
    Vient ici pleurer et mourir.

Pourtant, j'aurais voulu, vierge aimable et trop chère,
    Te revoir avant mon trépas.
Bientôt le dur sommeil va presser ma paupière:
La mort, ô mon Emma, m'eût été moins amère,
    De mourir presque dans tes bras.
J'ai contemplé long-temps ta paisible chaumière;
Incliné vers ton seuil, j'ai cherché sur la pierre
    L'empreinte humide de tes pas.
Et même, en revenant vers ce lieu solitaire,
Bien souvent j'ai tourné mes regards en arrière,
    Pour voir si tu ne venais pas.

Je vais m'éteindre, avant que la vieillesse austère
    Imprime à mon front sa langueur.
Demain mes vieux parens iront rendre à la terre
    Ce corps jeune et plein de vigueur.

Je vais m'éteindre. Enfans du beau ciel d'Ausonie,
Si mes vers imparfaits montrent quelque génie,
    Mon nom ne vivra pas toujours.
O mon maître chéri, pardonne, amant de Laure,
Car Raymond expirant n'a point conquis encore
    La fleur d'or des Sept Troubadours.*

Oui, comme toi, triste, je pourrais vivre,
N'ayant qu'un luth pour charmer mes ennuis,
Fuyant Emma, dont l'aspect seul m'enivre,
Et dans les pleurs passant mes longues nuits.
A la douleur mon âme accoutumée
Dans sa prison resterait pour souffrir...
Dis, ô Pétrarque, et toi, ma bien-aimée,
N'est-il pas vrai qu'il vaut bien mieux mourir ?

Adieu, ma belle amante; adieu, ma tendre mère,
Vous qui m'avez nourri, vous qui m'avez pleuré.

---

* Sept troubadours qui composaient le Corps des Jeux Floraux, dans son origine, donnaient au lauréat une violette D'OR FIN.

Daignez couvrir encor du linceul funéraire
    Ce corps pâle et défiguré ;
Et si, près du cercueil qu'un saint deuil environne,
Un père trop cruel s'arrête avec effroi,
    Dites-lui que je lui pardonne,
    Et pardonnez-lui comme moi.
Infortuné Pétrarque, isolé dans Vaucluse,
    Reçois mon cantique de mort ;
A vivre sans Emma ton Raymond se refuse,
    Et je meurs en plaignant ton sort.
Adieu, bords de l'Arno, Toulouse, et toi, Florence ;
    Adieu, frères, parens, amis ;
Ma jeune épouse, adieu ! l'instant fatal s'avance ;
Adieu surtout, hélas ! la trop douce espérance
    Des baisers que tu m'as promis.

IDYLLE.

Ætatis cujusque notandi sunt tibi mores.
(HOR.)

IDYLLE.

LE VIEILLARD.

O mon fils, où cours-tu ?

LE JEUNE HOMME.

Vers les bosquets de Gnide
J'ose en secret suivre les pas
D'une vierge aimable et timide :
Par pitié, ne me retiens pas.

LE VIEILLARD.

Jeune Homme, crains Vénus : son sourire est perfide,
Minerve par ma voix t'offre ici son égide
Contre ses dangereux appas.

IDYLLE.

LE JEUNE HOMME.

Qu'importe la sagesse à mon âme enivrée!
La ceinture de Cythérée
Vaut bien l'égide de Pallas.

LE VIEILLARD.

Redoute un sexe ingrat : mon fils, tu dois m'en croire.
Vole plutôt au Pinde illustrer ta mémoire.

LE JEUNE HOMME.

Le Pinde et ses sentiers déjà me sont connus.

LE VIEILLARD.

Apollon n'aime que la Gloire.

LE JEUNE HOMME.

Apollon ne hait pas Vénus.

LE VIEILLARD.

Brigue donc des Héros la palme triomphale :

IDYLLE.

Imite dans sa course, aux monstres si fatale,
Le vaillant fils d'Amphytrion.

LE JEUNE HOMME.

On vit filer aux pieds d'Omphale
Celui qui dompta Géryon.

LE VIEILLARD.

Suis Diane au regard austère.

LE JEUNE HOMME.

Faut-il jusqu'au sein du mystère
La suivre auprès d'Endymion?

LE VIEILLARD.

Toi, que de dons trompeurs la nature décore,
Écoute; la raison inspire mes discours:
Hippolyte, dès son aurore,
Fuyait le culte des Amours.

IDYLLE.

LE JEUNE HOMME.

Anacréon, dans ses vieux jours,
Sur son luth les chantait encore.

LE VIEILLARD.

Crains qu'une ingrate...

LE JEUNE HOMME.

     Oh! tu ne vis jamais
Un cœur si pur, une vierge aussi belle!

LE VIEILLARD.

Tu n'as point vu la beauté que j'aimais.
Car, ô mon fils, jurant d'être fidèle,
J'ai comme toi jadis connu l'Amour,
Et son bandeau m'avait caché ses ailes.
Pourquoi, grands Dieux! a-t-il fui sans retour,
Ce temps si court des ardeurs éternelles?

IDYLLE.

LE JEUNE HOMME.

Tu le vois, ô Vieillard, ton cœur songe toujours
    A ce Dieu qu'aujourd'hui j'adore ;
    On n'est pas loin d'aimer encore
    Lorsqu'on regrette les amours.

LE VIEILLARD.

Non, je suis sage, hélas ! va, crois-en ma tristesse.
    Sur les plaisirs de ta jeunesse
    Bientôt tu verseras des pleurs ;
    Quelque jour viendront les douleurs...

LE JEUNE HOMME.

Quelque jour viendra la sagesse.

LES DERNIERS BARDES.

Il dit : « Arrive, tue, détruis, ravage, puisque
tu as vaincu ceux qui avaient vaincu.
(Romances espagnoles.)

POEME.

Édouard, roi d'Angleterre, ne put pénétrer en Écosse qu'après avoir taillé en pièces tous les guerriers calédoniens. Les Bardes, alors, se réunirent sur des rochers (que l'auteur suppose être ceux de *Trenmor*, aïeul de Fingal, père des Vents, des Tourbillons, etc.), et là ils maudirent solennellement l'armée et le roi à leur passage, puis se précipitèrent dans l'abîme où marchaient les bataillons anglais.

LES DERNIERS BARDES.

POËME.

Cyprès, arbres des morts, qui courbe ainsi vos têtes ?
    Sont-ce les Esprits des tempêtes ?
Sont-ce les noirs vautours, cachés dans vos rameaux ?
Ou, fidèles encore à vos bocages sombres,
Les Enfants d'Ossian viennent-ils sous vos ombres
    Chercher leurs antiques tombeaux ?
O monts, est-ce un torrent dont le bruit m'épouvante ?
N'entends-je pas plutôt, dans la nuit décevante,
Les spectres s'appeler sur vos fronts chevelus ?
Harpe, qui fait frémir ta corde murmurante ?
Est-ce le vent du Nord ? est-ce quelque ombre errante
    Des vieux Bardes qui ne sont plus ?

Vous ne reviendrez plus, beaux jours, siècles prospères !
Le pâtre, heureux de vivre ou vécurent ses pères,
Ne traînait pas encor des jours voués au deuil ;
Fingal léguait son sceptre à sa race guerrière,
Et l'on voyait un trône où l'on voit un cercueil.
Ecossais, tes rochers te servaient de barrière ;
L'Étranger méprisait, sans en franchir le seuil,
    Ton indigence héréditaire ;
    Mais la Liberté, pauvre et fière,
Sur ces rocs dédaignés régnait avec orgueil.

    Soudain de sinistres présages,
    Sombres précurseurs des revers,
    Troublent ces paisibles rivages.
    Descendu des cieux entr'ouverts,
    Fingal erre au sein des nuages ;
    Sa lance est un faisceau d'éclairs ;
    Son char roule sur les orages ;
    L'aigle au loin le voit dans les airs*,

---

* Les Calédoniens croyaient que les aigles et les dogues avaient le don de voir les fantômes.

Et, quittant ses roches sauvages,
S'enfuit vers la rive des mers.
Oubliant ta route étoilée,
O lune, alors pâle et voilée,
Tu cachas ton front dans les flots ;
Et Morven, au sein des ténèbres,
Entendit des harpes funèbres
Annoncer la mort des héros*.

Voix funestes du sort, jusque alors inconnues,
Que n'avez-vous en vain proclamé son courroux !
Mais quand son souffle immense a rassemblé les nues,
L'ouragan retient-il ses coups ?

Le fracas des chars des batailles
Fait soudain du Lomon trembler les vieux frimas ;
Avide de nouveaux climats,

* Quand un héros mourait ou devait mourir, la harpe gémissait d'elle-même.

Édouard, de Stirling menaçant les murailles,
Apporte aux héros les combats.

« Écosse, tes guerriers, si long-temps invincibles,
« Sur tes monts envahis ont rencontré la mort;
« Les restes mutilés de ces vaincus terribles
 « Roulent dans les fanges du Nord.
 « Pourquoi ce farouche silence,
« Bardes ? Ils ne sont plus ; il n'est plus de vengeance.
 « Mais l'heure des chants a sonné.
« Ouvrez à ces héros le palais des nuages;
« Bardes ; laisserez-vous se perdre dans les âges
 « Leur souvenir abandonné ? »

 Sourds à ces clameurs téméraires,
 Les Bardes, épars dans les bois,
 Laissaient aux vieux lambris des rois
 Pendre leurs harpes funéraires.
Sur les rocs de Trenmor affrontant les hivers,
Ils pleuraient les héros, sans chanter leur vaillance;
Et comme on voit, la nuit, quand l'orage s'avance,
Un calme menaçant précéder les éclairs,

BARDES.

Ils se taisaient : mais leur silence
Était plus beau que leurs concerts.

Le Roi vient, entouré de ses chefs intrépides ;
Et, non loin de Dunbar, aux sommets sourcilleux,
De la Clyde en courroux domptant les flots rapides,
Au front du Lothyan pose un pied orgueilleux.
Déjà s'offrent à lui les grottes de Cartlane *,
    Il entend mugir leurs torrens,
Et suit sur ces vieux monts l'aigle inquiet qui plane,
    Étonné de voir des tyrans.

Bientôt devant ses pas, parmi de longs nuages,
    Des pics menaçans et sauvages
S'élèvent : sur leurs flancs grondent les vents du nord ;
Autour d'eux leur grande ombre au loin couvre la terre ;
    Et le sourd fracas du tonnerre
Dit que ces rocs affreux sont les rocs de Trenmor.

* C'est des grottes de Cartlane que William Wallace ou Wallau, seigneur d'Ellerslie, sortit pour délivrer l'Écosse.

19***

Édouard, le premier, à travers les bruyères
Guide en les rassurant ses agiles archers :
Tout s'ébranle; et déjà les lances étrangères
    Brillent sur ces sombres rochers.
Les soldats enivrés dévorent leurs conquêtes;
L'aspect seul d'Édouard leur cache les tempêtes
Qu'entassent sur leurs fronts les nuages mouvans.
Les bataillons épais en colonnes s'allongent,
Ils marchent; et leurs cris, que mille échos prolongent,
    Se mêlent à la voix des vents.

Tout à coup, sur un roc dont la lugubre cime
S'incline vers l'armée et menace l'abîme,
Debout, foulant aux pieds les orageux brouillards,
    Agitant leurs robes funèbres,
Aux lueurs de l'éclair qui perce les ténèbres,
    Apparaissent de grands Vieillards.
    Tels sur les roches fabuleuses
On a vu s'élever, dans les nuits nébuleuses,
    Les tristes Géans des hivers,
Lorsque, courbant des monts les forêts ébranlées,

De leur souffle terrible ils remplissaient les airs,
    Et mugissaient dans les vallées.

    Cet aspect de toutes parts
    Jette une terreur soudaine;
    Le roi, du haut de ses chars,
    Voit reculer vers la plaine
    Ses superbes léopards;
    Il voit ses soldats épars,
    Sourds à sa voix souveraine,
    Prêts à fuir leurs étendards.
    Malgré sa fierté hautaine,
    Le trouble agite ses sens;
    Le vent retient son haleine,
    Et les Guerriers frémissans
    Fixent leur vue incertaine
    Sur les Bardes menaçans.

CHŒUR DES BARDES.

« Édouard, hâte-toi; jouis de la victoire.
  « Tandis que ton pied étonné

« Foule les fronts glacés des aînés de la gloire,
 « Prends ce que leur mort t'a donné.
« Tu vaincras : leur trépas à l'Écosse déserte
 « Révèle assez son avenir,
« Mais tremble ! leur trépas annonce aussi ta perte [*] ;
« C'est un crime de plus et le temps sait punir. »

 Ils chantaient : là harpe sonore,
Après qu'ils ont chanté, vibre et frémit encore ;
La foudre en sourds éclats roule et se tait trois fois ;
Le vent gronde et s'apaise ; et marchant à leur tête,
Sur le bord de l'abîme où retentit leur voix
 Le vieux Chef des Bardes s'arrête.
Les frimas sur son front s'élèvent entassés,
Sa barbe en flots d'argent descend vers sa ceinture,
Il abandonne aux vents sa longue chevelure,
Et semble un vieux héros des temps déjà passés.
Dans ses yeux brille encor l'éclair de sa jeunesse ;
On voit se déployer dans sa main vengeresse

---

[*] Édouard, en effet, vaincu et chassé de l'Écosse, où il voulait rentrer après la mort de William Wallace, périt misérablement sur les rives du Forth.

Un étendard ensanglanté ;
Et, pareil à l'Esprit qui poursuit les coupables,
Sa voix tombe en cris formidables
Sur le vainqueur épouvanté.

LE CHEF DES BARDES.

« Du haut de la céleste voûte
Fingal me voit, Fingal m'écoute :
Vous m'écoutez aussi, par la crainte troublés,
Saxons ; mais votre crainte est l'aveu de vos crimes :
Vous êtes les bourreaux, nous sommes les victimes ;
Nous menaçons et vous tremblez !
Edouard, vers nos murs tu guides tes bannières ;
Réponds : que t'ont fait nos guerriers ?
Les a-t-on vus, chassant tes tribus prisonnières,
Porter la mort dans tes foyers ?
Qui de nous d'une paix antique et fraternelle
A violé les droits trahis ?
Qui de nous par les flots d'une horde infidèle
A vu ses remparts envahis ?
Ton seul silence est ta réponse.
Voilà donc ces exploits dont ton bras s'applaudit ?...

Arrête et courbe-toi ; car ma bouche prononce
    L'arrêt du Dieu qui te maudit.
    Prince, qui ris de nos misères,
Édouard, crains du sort les faveurs mensongères,
Crains ces forfaits heureux que l'Enfer t'a permis.
Tu portes sur ton front les célestes colères.
Ne te crois pas jugé par tes seuls ennemis,
Songe à tes descendans, souviens-toi de tes pères...
    Connais tes juges et frémis.

« Édouard, un instant ton ivresse a pu croire,
Que les fils d'Ossian se tairaient sans remord ;
Va, nous saurons flétrir ton nom et ta mémoire :
    Notre récompense est la mort.
Ton pardon eût puni notre lâche silence.
Quoi ! nous aurions flatté ton injuste puissance !
Notre main eût lavé le sang de tes lauriers !
Et, laissant nos héros errer aux rives sombres,
Nous aurions de nos chants déshérité leurs ombres,
    Pour célébrer leurs meurtriers ! —
Les siècles se diront : A l'Écosse asservie,

BARDES.

C'est en vain qu'Édouard enleva le bonheur ;
Aux fiers enfans des monts il put ravir la vie,
Il ne put leur ravir l'honneur.
Les chantres des héros, fuyant sa tyrannie,
Aux lauriers des héros ont uni leurs lauriers ;
Et les Bardes sacrés de la Calédonie
N'ont pu survivre à ses Guerriers.
Édouard, désormais nous taire est notre gloire,
Nos chants vont expirer ; mais nos noms dans l'histoire
Poursuivront ton nom odieux.
Pour la dernière fois nos harpes retentissent,
Pour la dernière fois nos harpes te maudissent :
Reçois nos terribles adieux. »

CHŒUR DES BARDES.

« Un jour tu gémiras sur tes vaines chimères,
« Prince ; un jour tes larmes amères
« Baigneront à leur tour tes lauriers odieux ;
« Pour la dernière fois vos harpes retentissent,
« Pour la dernière fois nos harpes te maudissent :
« Reçois nos terribles adieux. »

Ils ont chanté : la foudre gronde.
Du sommet des rochers dans les gouffres ouverts
Ils s'élancent... Le bruit de leur chute profonde,
Roule et s'accroît dans les déserts.
Leurs restes des torrens souillent l'onde irritée ;
La Harpe au haut des monts, par les vents agitée,
A leurs derniers soupirs répond en soupirant ;
Leurs corps défigurés tombent de cime en cime,
Et leur sang au loin dans l'Abîme
Rejaillit sur le Conquérant.

FIN.

TABLE.

ODES.

Ire. Le Poète dans les révolutions. Pag. 1.
II. La Vendée.................... 9.
III. Les Vierges de Verdun............ 19.
IV. Quiberon..................... 29.
V. Le Rétablissement de la statue de
    Henri IV,................ 39.
VI. La Mort du duc de Berry........ 49.
VII. La Naissance du duc de Bordeaux.. 61.
VIII. Le Baptême du duc de Bordeaux... 71.
IX. Vision....................... 83.
X. Buonaparte.................... 93.
XI. La Lyre et la Harpe............ 103.
XII. Moïse sur le Nil.............. 113.

TABLE.

XIII. Le Dévouement. . . . . Pag. 121.

XIV. A l'Académie des Jeux Floraux. . . 131.

XV. Le Génie. . . . . 135.

XVI. La Fille d'Otaïti. . . . . 145.

XVII. L'Homme heureux. . . . . 151.

XVIII. Le Regret. . . . . 157.

XIX. Au Vallon de Cherizy. . . . . . . 163.

XX. A toi. . . . . 171.

XXI. La Chauve-souris. . . . . 179.

XXII. Le Nuage. . . . . 185.

XXIII. Le Cauchemar. . . . . 189.

XXIV. Le Matin. . . . . 193.

POÉSIES DIVERSES.

Raymond d'Ascoll. Élégie. . . . . 199.

Idylle. . . . . 211.

Les derniers Bardes. Poëme. . . . . . . 219.

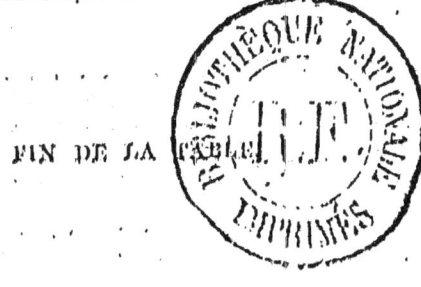

FIN DE LA TABLE.